Klasse 5

Ulrike Stolz & Lynn-Sven Kohl

Der Leseprofi

5

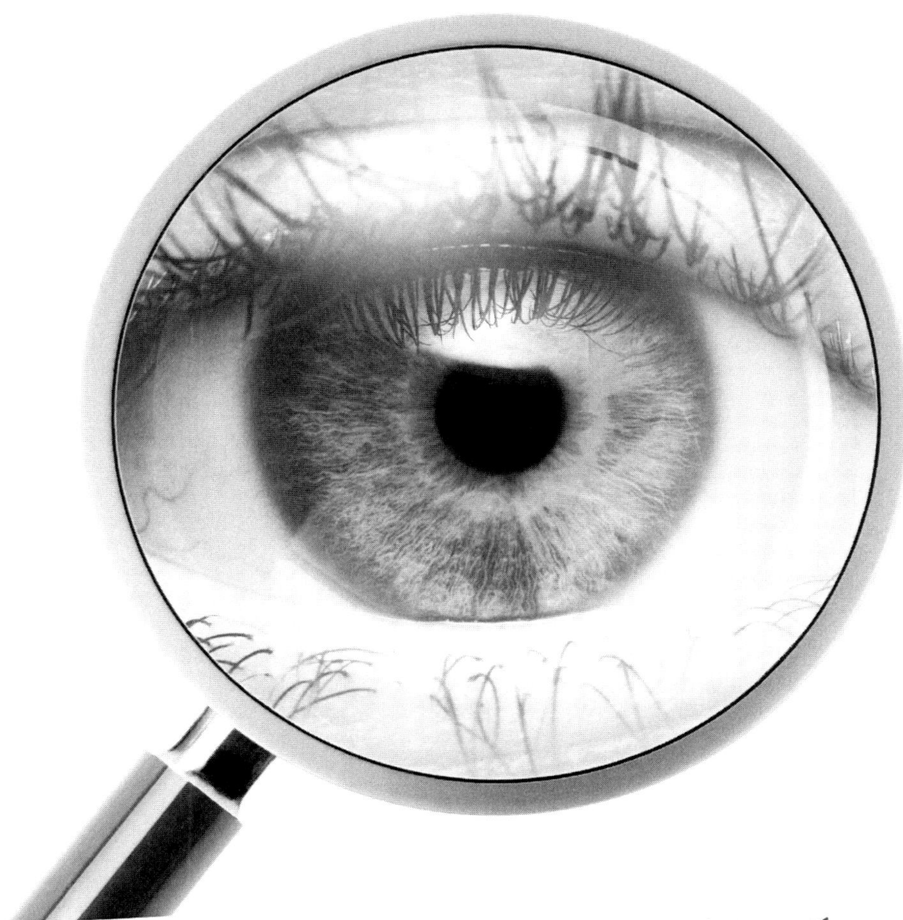

Fit durch Lesetraining!

Intensives Training des sinnerfassenden Lesens

Der Leseprofi

Klasse 5

5. Auflage 2026

Texte & Gestaltung: Ulrike Stolz, Lynn-Sven Kohl
Coverbild: © by-studio - AdobeStock.com
Redaktion: Kohl-Verlag
Satz & Grafik: Kohl-Verlag
Druck: farbo prepress GmbH, Köln

Bestell-Nr. 16 765

ISBN: 978-3-98841-105-1

Bildquellen:

(alle Adobestock.com, wenn nicht anderes angegeben)

Seite 2: © Africa Studio; **Seite 6:** © giorgiape; **Seite 7:** © fotomaster; **Seite 8:** © magele-picture; **Seite 9:** © clipart.com; **Seite 10:** © Melinda Nagy; **Seite 11:** © snaptitude; **Seite 12:** © Dusan Kostic; **Seite 13:** © quicklinestudio; **Seite 14:** © Rick; **Seite 15:** © Moriz; **Seite 16:** © vencav; **Seite 17:** © ivespots; **Seite 18:** © Edwin Butter; **Seite 19:** © purich; **Seite 20:** © Kanisom; **Seite 21:** © primopiano; **Seite 22:** © Studio Empreinte; **Seite 23:** © fivespots; **Seite 24:** © Amjad Shihab; **Seite 25:** © quka; **Seite 26:** © BillionPhotos; **Seite 27:** © New Africa; **Seite 28:** © Zerophoto; **Seite 29:** © beemedia; **Seite 30:** © Aleksei; **Seite 31:** © BillionPhotos; **Seite 32:** © contrastwerkstatt; **Seite 33:** © Natallia Vintsik; **Seite 34:** © cheologico_Nazionale_Naples_BW; **Seite 35:** © wikimedia commons; **Seite 36:** © Juefraphoto; **Seite 37:** © sorcerer11; **Seite 38:** © lazyllama; **Seite 39:** © agrus; **Seite 40:** © Petra Beerhalter; **Seite 41:** © Frank Vincentz - wikimedia commons; **Seite 42:** © Bernd Wolter; **Seite 43:** © IgorCheri; **Seite 44:** © Elvira; **Seite 45:** © Eric Isselée; **Seite 47:** © IndianSummer; **Seite 49:** © wong yu liang; **Seite 51:** © Von vlntn; **Seite 53:** © Victor ; **Seite 54:** © wikimedia commons; **Seite 55:** © Dennis4trigger - wikimedia commons; **Seite 56:** © Erni; **Seite 57:** © Fotos 593; **Seite 58:** © annamei; **Seite 59:** © Raimond Spekking - wikimedia commons

Kontakt: Kohl-Verlag, An der Brennerei 37-45, 50170 Kerpen
Tel: +49 2275 331610, Mail: info@kohlverlag.de

Inhalt

Seite

- Vorwort 4
- Methoden 5

1 Der Wolf 6 - 7
2 Fragen über Fragen 8 - 9
3 Fußball 10 - 11
4 Judo 12 - 13
5 Aufnahme in den Ritterstand 14 - 15
6 Schlangen 16 - 17
7 Orang-Utans 18 - 19
8 Mordlöcher 20 - 21
9 Schildkröten 22 - 23
10 Die Kokospalme 24 - 25
11 Bumerangs 26 - 27
12 Mit dem Skateboard durch Australien 28 - 29
13 Jeans 30 - 31
14 Schule 32 - 33
15 Alexander der Große 34 - 35
16 Der Pflaumenkuchen 36 - 37
17 Wir fahren nach Frankreich 38 - 39
18 Der Mummelsee 40 - 41
19 Die wilde Fledermaus 42 - 43
20 Mein Kater Mikesch 44 - 45
21 Der weiße Schrank 46 - 47
22 Das Nest in der Attika 48 - 49
23 Dax oder Dachs 50 - 51
24 Strandurlaub – all inklusive 52 - 53
25 Der Entdecker James Cook 54 - 55
26 Menschenaffen 56 - 57
27 Des Kaisers neue Kleider *(Hans Christian Andersen)* 58 - 59

28 Die Lösungen 60 - 63

Wir werden Leseprofi / Klasse 5 – Bestell-Nr. 16 765
Fit durch Lesetraining!
KOHL VERLAG

Vorwort

Profi! Wie wird man das?

Das ist eine berechtigte Frage. Und dann auch noch Leseprofi?
Gerade in diesem grundlegenden Bereich ziehen sich die Schwierigkeiten unserer Schülerinnen und Schüler durch alle Altersstufen und alle Schularten.
Um diese Schwierigkeiten zu beheben, wurde der Leseprofi entwickelt. Es wird neben der Lesetechnik und Lesefertigkeit auch das Textverständnis trainiert. Ein fragendes Denken soll mit Hilfe dieser Arbeitsblätter gefördert werden.

Aber was ist überhaupt Lesen? Worauf kommt es denn nun wirklich an?
Lesen ist Sinnentnahme aus allen möglichen Texten. Das reicht von der täglichen Fernsehprogrammbeschreibung bis zum wissenschaftlichen Text. Dabei gibt es diesen entscheidenden Lerneffekt:
Wichtiges von Unwichtigem zu unterscheiden!
Das geht nur durch Lesen und gleichzeitiges Verstehen!

Der Aufbau der Arbeitsblätter zielt vor allem auf das Verstehen des Gelesenen ab. Dabei geht das natürlich nicht immer, ohne auch zu schreiben. Denn nur, wer etwas Gelesenes auch reproduzieren, also „aufschreiben" kann, der hat den Sinn des Gelesenen auch verstanden.

Die 27 Einheiten im Heft sind nach Schwierigkeit sortiert - von einfach bis schwierig. Auf den Arbeitsblättern wird aber aus Gründen der Benachteiligung bewusst darauf verzichtet, den Schwierigkeitsgrad zu kennzeichnen. Kein Schüler muss wissen, dass der Lehrer/die Lehrerin ihm/ihr „nur" einen leichten Text gibt. So kann man die Schülerin/den Schüler schneller positiv bestärken, z.B. mit dem konkreten Hinweis auf sein konzentriertes Arbeiten. So fördert man Motivation und Konzentration.

Frei nach dem Motto „Wer nicht fragt, bleibt dumm!" gibt es natürlich in jedem Text auch einmal Wörter zu erklären. Meistens ist dies im Text nur auf ein bis zwei unbekannte Wörter beschränkt, sodass die Schülerin/der Schüler sich mit diesen Begriffen und ihren Bedeutungen auseinandersetzen kann. Möchte man den Lese-Wortschatz erweitern, müssen neue unbekannte Wörter/Begriffe eingebaut werden. Diese werden aus dem Kontext heraus oder durch zusätzliche Erklärungen mit Inhalt gefüllt. Dies kann die Schüler auch zum Nachschlagen von Begriffen in Lexika führen. Ein weiterer positiver Lerneffekt!

Zusätzliches Material zum Leseprofi bietet das passende Arbeitsheft zu jeder Ausgabe. Hier wird Lesen und Verstehen mit Aufgabentypen verschiedenster Art gefördert. Alle diese Materialien können unabhängig voneinander eingesetzt werden.

Der Leseprofi macht jeden Schüler zum Profi, weil das wichtigste Ziel beim Lesen verfolgt wird:
Unwichtiges von Wichtigem lesend zu trennen!

An dieser Stelle möchten wir uns für die Unterstützung bei Sylvia Hielscher, Wolfgang Wertenbroch und Erich van Heiss ganz herzlich bedanken.

Ihnen und Ihren Schülern wünschen wir viel Erfolg und Freude mit den vorliegenden Kopiervorlagen.

Ihr Kohl-Verlagsteam,

Lynn-Sven Kohl & Ulrike Stolz

Methoden

So wird mit dem Leseprofi gearbeitet!

So kann der Schüler/die Schülerin mit dem Leseprofi arbeiten:

1. Arbeitsblatt

- Der Text wird gelesen. Eventuell wird der Text auch ein zweites Mal gelesen.
- Der Text kann, um ein nochmaliges Nachlesen zu verhindern, nach hinten weggeklappt werden.
- Im 1. Lernschritt werden die Aussagen zum Text gelesen. Mit einem lachenden Gesicht werden die richtigen Aussagen gekennzeichnet. Dies kann je nach Alter der Schüler auch mit Selbstkontrolle über das Lösungsblatt kontrolliert werden. Das Lösungsblatt könnte z.B. beim Lehrer ausgelegt sein.

2. Arbeitsblatt

- Der zweite Lernschritt ist additiv. Er kann nach Belieben hinzugenommen oder weggelassen werden.
- Die Fragen werden gelesen und schriftlich beantwortet. Dafür kann der Text auch noch einmal vollständig gelesen werden.
- Schwächere oder jüngere Schüler können mit der „Unterstreichmethode“ arbeiten. So muss nur gelesen und nichts geschrieben werden. Es eignen sich Textmarker zum Markieren einzelner Textstellen. Die Fragestellung zum 2. Lernschritt sollte dann zusätzlich so formuliert werden: ***„Unterstreiche im Lesetext die passenden Antworten. Schreibe am Rand die dazugehörigen Buchstaben daneben!“***

Zusätzliche Ideen und Überlegungen für den Lehrer:

- Da die Texte nach Schwierigkeitsgraden im Heft sortiert sind, auf dem Blatt aber nicht als leicht oder schwierig gekennzeichnet wurden, hat der Lehrer die Möglichkeit, jeden Schüler positiv zu bestärken.
  Dabei sollte ganz konkret gesagt werden, was ein Schüler toll gemacht hat (z.B. hat er sich prima konzentriert). Allgemeines Lob wird auch nur allgemein wahrgenommen. Deshalb sollte man immer das gewünschte Verhalten konkret benennen und loben.
- Schwache Schüler profitieren von der „Unterstreichmethode“. Mit verschiedenen Textmarkern macht das richtig Spaß und diese Schüler haben die gleichen Ergebnisse wie ihre schreibenden Mitschüler.
- Überschriften machen neugierig. Sie stimmen auf mögliche Inhalte des Textes ein. In einem einstimmenden Gesprächskreis können Vermutungen geäußert werden, die motivieren (z.B.: Woran denkst du bei dieser Überschrift? Was könnte im Text vorkommen? Wovon könnte er handeln? usw.) Schüler haben dann eine Erwartungshaltung und sind gespannt darauf, was der Text nun wirklich zu bieten hat.
- Der Lese-Wortschatz wird durch nicht so geläufige Begriffe erweitert. Aus dem Kontext heraus werden sie mit Inhalt gefüllt.
- Der Zusatzkasten mit Sprech- und Schreibanlässen gibt Stoff für weitere Stunden und angeregte Diskussionen und setzt sich mit den beschriebenen Sach- und Sozialthemen auseinander. Sachtexte regen zum Weiterlesen in Lexika oder entsprechenden Natur- und Sachkundebüchern an. Deshalb wird auch gelegentlich angeregt, das Internet für weitere Nachforschungen zu nutzen.
- Die Texte können als Vorlage benutzt werden, um zu lernen, Unwichtiges zu streichen und das Wichtige in Stichwörtern zusammenzufassen. Eine Folge wird sein, dass auch eigene Texte mit Wichtigem/den Kernaussagen gefüllt sein werden.
  Der Leseprofi fördert das Textverständnis auch für völlig unbekannte Texte, da methodisch vorgegangen wird. Der Schüler merkt sich nur das Wesentliche!

1 Der Wolf

Bei uns in Deutschland waren Wölfe bis vor einigen Jahren ausgestorben. Die Menschen fürchteten den Wolf und haben ihn gejagt, bis es vor 100 Jahren keine mehr gab. Es gibt aber mittlerweile wieder eine ganze Zahl von Wolfspaaren in ganz Deutschland.

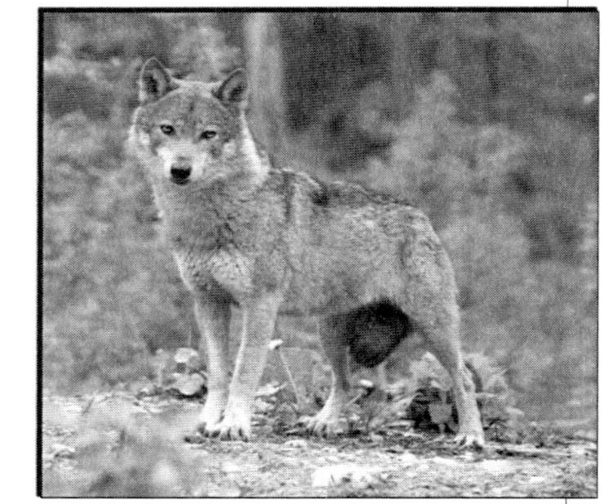

Der Wolf ist der Vorfahr vieler Hunderassen. Die Menschen haben Wölfe zu Haustieren gemacht und dann verschiedene Rassen gezüchtet. Der Wolf sieht einem Schäferhund ähnlich. Sein Fell ist aber grau, oder selten, weiß. In Rudeln jagt er Tiere des Waldes und der Wiesen. Die Schäfer fürchteten um ihre Lämmer, weshalb er auch stark gejagt wurde. Ganz selten greift der Wolf einen Menschen an.

105 Wörter

1. Lernschritt

➔ *Lies die folgenden Sätze aufmerksam durch.*

➔ *Ist die Aussage inhaltlich richtig? Dann kreuze die Aussage an.*

(!) *<u>Achtung</u>: Du darfst jetzt nicht mehr im Text nachlesen!*

- -

Knicke das Blatt entlang dieser Linie nach hinten.

Richtig 

		Richtig
1	In Deutschland sind die Bären ausgestorben.	
2	Der Wolf ist mittlerweile nach Deutschland zurückgekehrt.	
3	In Polen gibt es keine Wölfe mehr.	
4	Die Menschen hatten keine Angst vor dem Wolf, sie jagten ihn aber trotzdem.	
5	In Süddeutschland gibt es keine Wölfe.	
6	Der Wolf ist der Vorfahr vieler Hunderassen.	
7	Wölfe hatten es im Wald schwer, weshalb sie sich den Menschen freiwillig als Haustiere unterwarfen.	
8	Der Wolf sieht einem Schäferhund ähnlich.	
9	Wölfe jagen in Rudeln.	
10	Oft greift der Wolf den Menschen an.	

KOHL VERLAG
Wir werden Leseprofi / Klasse 5 – Bestell-Nr. 16 765
Fit durch Lesetraining!

1

Der Wolf

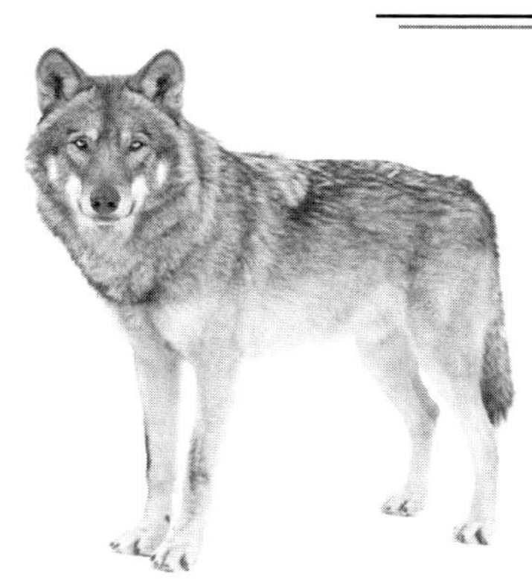

2. Lernschritt

➔ *Beantworte die folgenden Fragen zum Lesetext sinngemäß.*

➔ *Schreibe in vollständigen Sätzen.*

a) Sind Wölfe überall ausgestorben? ____________________

____

b) Wo gibt es schon wieder ein kleines Rudel Wölfe? ____________________

____

c) Wer ist der Vorfahr vieler Hunderassen? ____________________

____

d) Welche Farben hat das Fell eines Wolfes? ____________________

____

e) Warum wurde der Wolf zum Beispiel stark gejagt? ____________________

____

f) Ab wann gab es bei uns keine Wölfe mehr? ____________________

____

g) Wessen Vorfahr ist der Wolf? ____________________

____

h) Wie verhält sich der Wolf gegenüber dem Menschen? ____________________

____

Zusatzaufgabe

„Plötzlich erblickte ich die gelben Augen. Mit unverhohlener Neugier starrte mich der Wolf an. Ich …"

➔ *Schreibe die Geschichte zu Ende.*

2 Fragen über Fragen

Es ist frühmorgens um vier Uhr in einer gemütlichen Kleinstadt. Die letzten Kneipen haben längst geschlossen und ihre Gäste machen sich auf den Heimweg. Auch Tim geht durch die totenstillen Straßen nach Hause. Lange begegnet ihm niemand.

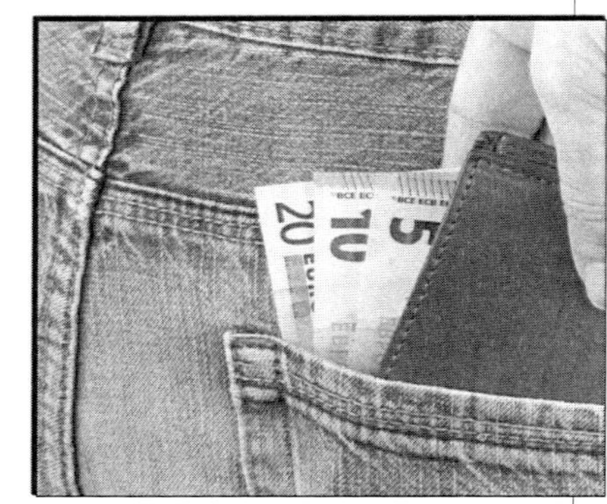

Da tritt ein Fremder auf den einsamen Heimkehrer zu: „Haben Sie auf ihrem Weg einen Polizisten gesehen?“, will er wissen. Tim verneint: „Da war niemand.“ „Auch vorne beim Rathaus haben Sie keinen gesehen?“, fragt er weiter. „Nein, da war kein Polizist“, antwortet Tim. „Aber sonst ist doch immer einer bei der Sparkasse?“, gibt der Fremde nicht nach. „Nichts bemerkt“, muss Tim antworten. Der Fremde seufzt erleichtert: „Na, dann darf ich um Ihre Brieftasche bitten?“

114 Wörter

1. Lernschritt

➔ *Lies die folgenden Sätze aufmerksam durch.*
➔ *Ist die Aussage inhaltlich richtig? Dann kreuze die Aussage an.*

(!) *Achtung: Du darfst jetzt nicht mehr im Text nachlesen!*

Knicke das Blatt entlang dieser Linie nach hinten.

Richtig 

1	Es ist früher Abend um vier Uhr in einer gemütlichen Kleinstadt.	
2	Die Gäste der Kneipen bestellen noch eine weitere Runde.	
3	Auch Tim geht durch die Straßen nach Hause.	
4	Ein Fremder will von ihm wissen, ob er auf dem Weg einen Traktor gesehen hat.	
5	Vorm Rathaus sah Tim einen Polizisten.	
6	Vor der Sparkasse stand ein Sicherheitsmann.	
7	Tim hatte nichts bemerkt.	
8	Der Fremde seufzte erleichtert.	
9	Der Fremde bittet Tim um einen Euro.	
10	Der Fremde bittet Tim um seine Brieftasche.	

Wir werden Leseprofi / Klasse 5 – Fit durch Lesetraining! – Bestell-Nr. 16 765
KOHL VERLAG

2 Fragen über Fragen

2. Lernschritt

➔ *Beantworte die folgenden Fragen zum Lesetext sinngemäß.*

➔ *Schreibe in vollständigen Sätzen.*

a) Wo befindet sich Tim frühmorgens um vier? ______________________

____

b) Wieso machen sich einige auf den Heimweg? ______________________

____

c) Wer geht durch die totenstillen Straßen nach Hause? ______________________

____

d) Wer tritt auf den Heimkehrer zu? ______________________

____

e) Was möchte der Fremde von Tim wissen? ______________________

____

f) Warum seufzt der Fremde erleichtert? ______________________

____

____

g) Worum bittet der Fremde Tim? ______________________

____

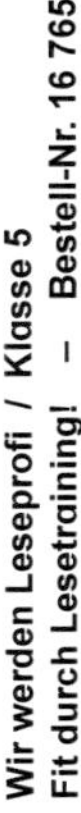

Zusatzaufgaben

➔ *Verfasse einen Zeitungsbericht über diesen unverschämten Diebstahl. Lasse dabei auch den Bestohlenen zu Wort kommen. Achte dabei auf die „W-Fragen“.*

➔ *Spielt diese Geschichte nach. Zeigt dabei in eurer Mimik eure Gefühle (zum Beispiel Erstaunen oder Erleichterung).*

3 Fußball

Schon vor 2000 Jahren gab es die allerersten Fußballer. Das Spiel wurde damals in China und Südamerika gespielt. Die Spiele waren oft Teil von religiösen Feierlichkeiten. Die heutigen modernen Fußballregeln wurden erst vor 150 Jahren aufgestellt. Man erfand die Fußballregeln in England, weshalb man England auch als die Wiege des modernen Fußballs bezeichnen kann.

Beim Fußballspiel geht es darum, den Ball nur mit Hilfe der Füße oder des Kopfes in das gegnerische Tor zu befördern. Dabei muss man möglichst geschickt an den Gegnern vorbeikommen. Man darf sie nicht verletzen, das wäre ein grobes Foul. In anderen Sportarten ist aggressiveres Verhalten erlaubt. Beim amerikanischen Football darf der Ball in die Hand genommen und der Gegner sogar umgerannt werden.

119 Wörter

1. Lernschritt

➔ *Lies die folgenden Sätze aufmerksam durch.*

➔ *Ist die Aussage inhaltlich richtig? Dann kreuze die Aussage an.*

! *Achtung: Du darfst jetzt nicht mehr im Text nachlesen!*

Knicke das Blatt entlang dieser Linie nach hinten.

Richtig 

		Richtig
1	Vor 200 Jahren gab es bereits die ersten Fußballer.	
2	Fußball spielte man damals in England und Schweden.	
3	Oft waren Fußballspiele Teil von religiösen Feierlichkeiten.	
4	Die modernen Fußballregeln wurden vor 150 Jahren in England aufgestellt.	
5	Beim Fußball geht es darum, den Ball mit Hilfe der Hände in das gegnerische Tor zu befördern.	
6	Man muss versuchen, möglichst geschickt an den Gegnern vorbeizukommen.	
7	Verletzt man einen anderen Spieler, ist dies ein grobes Foul.	
8	Andere Sportarten erlauben aggressiveres Verhalten.	
9	Beim amerikanischen Football darf man den Gegner umrennen.	
10	Beim Football muss man den Ball mit den Füßen an den Gegnern vorbeibringen.	

Wir werden Leseprofi / Klasse 5 – Bestell-Nr. 16 765
Fit durch Lesetraining!
KOHL VERLAG

3 Fußball

2. Lernschritt

➔ *Beantworte die folgenden Fragen zum Lesetext sinngemäß.*

➔ *Schreibe in vollständigen Sätzen.*

a) Was gab es schon vor 2000 Jahren?

b) Wovon waren die Spiele vor 2000 Jahren oft ein wichtiger Teil?

c) Wieso kann man England als die Wiege des Fußballs bezeichnen?

d) Warum darf man beim Fußball den Gegner nicht verletzen?

e) Worum geht es beim Fußball?

f) Wie darf man beim amerikanischen Football mit dem Ball umgehen?

g) Wo wurde Fußball vor 2000 Jahren gespielt?

h) Wie geht man beim amerikanischen Football oft mit dem Gegner um?

Zusatzaufgabe

Du möchtest die mündliche Prüfung zum Fußballlehrer ablegen. Einer spricht den Prüfer, der andere den zukünftigen Fußballlehrer. Erfindet gemeinsam Prüfungsfragen, die ihr dann auch beantworten könnt.

Wir werden Leseprofi / Klasse 5 – Bestell-Nr. 16 765
Fit durch Lesetraining!

4 Judo

„Sanfter Weg“ ist die Übersetzung für diese Sportart. Buddhistische Mönche erfanden diese Verteidigungsart, denn sie mussten sich auf ihren Wanderungen in China und Japan vor Wegelagerern und Räubern schützen. Als Buddhisten wollten sie aber auf brutale Waffengewalt verzichten. Sie entwickelten eine Kunst, mit der sie einen bewaffneten Angreifer zu Fall bringen konnten. Sie lenken dabei die Wucht des Angriffs um.

Es gibt eine Judoschule, die alle Griffe festlegt und mit chinesischen Namen belegt. Konzentrationsübungen und festgelegte Kampfrituale gehören auch zur Ausbildung eines Judoka (Judokämpfer). Viele Mädchen und Frauen besuchen Judokurse, damit sie sich ohne Waffen vor zudringlichen Männern wehren können. Wer Judomeister ist, trägt einen schwarzen Gürtel. An den verschiedenen Gürtelfarben kann man den Ausbildungsstand eines Judokämpfers erkennen.

119 Wörter

1. Lernschritt

➔ *Lies die folgenden Sätze aufmerksam durch.*

➔ *Ist die Aussage inhaltlich richtig? Dann kreuze die Aussage an.*

(!) *<u>Achtung</u>: Du darfst jetzt nicht mehr im Text nachlesen!*

- -

Knicke das Blatt entlang dieser Linie nach hinten.

		Richtig X
1	Die Übersetzung für diese Sportart ist „sanfter Gang“.	
2	Judo wurde von Buddhistischen Mönchen erfunden.	
3	Judo sollte die Mönche vor Räubern und Wegelagerern schützen.	
4	Die Wucht des Angriffs wurde von dem Judokämpfer umgelenkt.	
5	Zur Ausbildung eines Judoka gehören auch Wahrnehmungsübungen.	
6	Die Ausbildung zum Judoka dürfen nur Jungen machen.	
7	Viele Mädchen und Frauen besuchen Judokurse.	
8	Judomeister haben den schwarzen Gürtel.	
9	Viele Judomeister haben zusätzlich eine grüne Kutte an.	
10	An der Farbe der Kleidung kann man den Ausbildungsstand eines Judokämpfers erkennen.	

KOHL VERLAG
Wir werden Leseprofi / Klasse 5 – Fit durch Lesetraining! – Bestell-Nr. 16 765

4 # Judo

2. Lernschritt

➔ *Beantworte die folgenden Fragen zum Lesetext sinngemäß.*

➔ *Schreibe in vollständigen Sätzen.*

a) Wie ist die deutsche Übersetzung für diese Sportart?

____

____

b) Worauf wollten die buddhistischen Mönche verzichten, wenn sie Räubern und Wegelagerern begegnen?

____

c) Welche Kunst entwickelten die Mönche? ____________________

____

d) Was legt die Judoschule fest? ____________________

____

e) Wieso besuchen viele Mädchen und Frauen Judokurse? ____________________

____

____

f) Woran erkennt man den Ausbildungsstand eines Judokämpfers?

____

____

Zusatzaufgabe

Viele Leute haben Judo zu ihrem Hobby gemacht. Sport ist als Hobby natürlich immer sehr beliebt. Welche Sportarten sind in eurer Klasse vertreten? Gibt es auch noch andere „nichtsportliche" Hobbies in eurer Klasse? Tauscht euch untereinander aus.

Wir werden Leseprofi / Klasse 5
Fit durch Lesetraining! – Bestell-Nr. 16 765

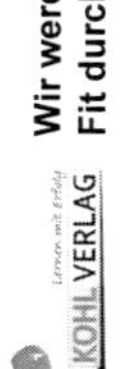

5 Aufnahme in den Ritterstand

Hatte ein Knappe seine gefahrvolle und schwierige Ausbildungszeit überlebt, dann konnte er zum Ritter befördert werden. Nicht selten endete das Leben eines Knappen tragisch, denn er hatte die Verpflichtung, seinen Herrn im Kampf zu begleiten. Er musste sogar mutig eingreifen, wenn seinem Herrn tödliche Gefahr drohte. So starb der Knappe oft einen frühen Heldentod. Hatte er aber seine militärischen Fähigkeiten voll entwickelt, konnte er mit 21 Jahren in der Schwertleite zum Ritter werden. Das war eine große Zeremonie, die von Feierlichkeiten begleitet wurde. Der Würdigste der Anwesenden band dem Knappen, der die Hände betend zum Himmel hob, das Schwert um. Dann wurde mit Musik und Tanz gefeiert. Auch ein Turnier fand statt, in dem der junge Ritter das erste Mal seinen Mut zeigen konnte.

128 Wörter

1. Lernschritt

➔ *Lies die folgenden Sätze aufmerksam durch.*

➔ *Ist die Aussage inhaltlich richtig? Dann kreuze die Aussage an.*

(!) *<u>Achtung</u>: Du darfst jetzt nicht mehr im Text nachlesen!*

- -

Knicke das Blatt entlang dieser Linie nach hinten.

		Richtig X
1	Hatte der Knappe seine gefahrvolle und schwierige Ausbildungszeit überlebt, konnte er zum Burgherrn befördert werden.	
2	Das Leben eines Knappen endete nicht selten tragisch.	
3	Knappen wurden selten älter als dreißig Jahre.	
4	Der Knappe hatte die Verpflichtung, seinen Herrn im Kampf zu begleiten.	
5	Wenn seinem Herrn tödliche Gefahr drohte, versuchte der Knappe so schnell wie möglich davon zu rennen.	
6	Mit 21 Jahren konnte der Knappe in der Schwertleite zum Ritter geschlagen werden.	
7	Die Feierlichkeiten bei der Schwertleite waren klein und überschaubar.	
8	Der Knappe hob, während er das Schwert umgebunden bekam, betend die Hände zum Himmel.	
9	Ein besonderes Fest fand nach der Schwertleite nicht statt.	
10	In dem anschließenden Turnier konnte der junge Ritter zum ersten Mal seinen Mut zeigen.	

KOHL VERLAG
Wir werden Leseprofi / Klasse 5 – Bestell-Nr. 16 765
Fit durch Lesetraining!

5

Aufnahme in den Ritterstand

2. Lernschritt

➔ *Beantworte die folgenden Fragen zum Lesetext sinngemäß.*

➔ *Schreibe in vollständigen Sätzen.*

a) Wann konnte der Knappe zum Ritter geschlagen werden? ____________________

____

b) Welche Verpflichtung hatte ein Ritter gegenüber seinem Herrn? ____________________

____

c) Was musste der Knappe tun, wenn seinem Herrn tödliche Gefahr drohte?

____

d) Was konnte mit dem Knappen passieren, wenn er seine militärischen Fähigkeiten voll entwickelt hatte?

____

____

e) Wer band dem Knappen das Schwert um? ____________________

____

f) Wobei konnte der junge Ritter seinen Mut zeigen? ____________________

____

g) Was wurde nach der Übergabe des Schwertes getan? ____________________

____

h) Wie alt musste der Knappe sein, um zum Ritter geschlagen zu werden?

____

Zusatzaufgabe

Erkläre schriftlich mit eigenen Worten, was der Begriff „Schwertleite“ bedeutet.

KOHL VERLAG Wir werden Leseprofi / Klasse 5 Fit durch Lesetraining! – Bestell-Nr. 16 765

6 Schlangen

Sie machen uns Angst und kaum jemand findet sie richtig kuschelig. Unsere Vorfahren fürchteten sich, weil sie den giftigen Biss kennen gelernt hatten. Dass die Schlangen im Winter verschwinden und dann gehäutet wieder auftauchen, hieß für unsere Vorfahren, dass die Schlangen wiedergeboren werden können. Schlangen waren deshalb auch Symbole der Fruchtbarkeit und wurden verehrt. In den Harry Potter-Büchern ist die Schlange ein Zeichen des Bösen. Sie ist eine Jägerin, die wichtig für eine intakte Umwelt ist, denn sie frisst Schädlinge. Menschen greift eine Schlange nur an, wenn sie sich bedroht fühlt. Von den 2500 Schlangenarten ist nur jede neunte giftig. Schlangen gibt es schon über 100 Millionen Jahreauf diesem Planeten. Sie sind Reptilien mit eidechsenähnlichen Vorfahren. Die Andeutungen von Gliedmaßen kann man nämlich am Skelett von Riesenschlangen finden.

131 Wörter

1. Lernschritt

➔ *Lies die folgenden Sätze aufmerksam durch.*
➔ *Ist die Aussage inhaltlich richtig? Dann kreuze die Aussage an.*

(!) *Achtung: Du darfst jetzt nicht mehr im Text nachlesen!*

Knicke das Blatt entlang dieser Linie nach hinten.

Richtig X

1	Schlangen finden viele von uns richtig kuschelig.	
2	Unsere Vorfahren fürchteten sich, weil sie sie so eklig fanden.	
3	Schlangen verschwinden im Winter und tauchen gehäutet wieder auf.	
4	Schlangen wurden als Symbole der Fruchtbarkeit verehrt.	
5	In den Harry-Potter-Büchern ist die Schlange ein Zeichen des Guten.	
6	Die Schlange ist eine wichtige Jägerin für eine intakte Umwelt.	
7	Schlangen gibt es schon über 10000 Millionen Jahre auf der Erde.	
8	Schlangen haben eidechsenähnliche Vorfahren.	
9	Eine Schlange besitzt kein Skelett.	
10	Die Schlange gehört zu den Säugetieren.	

KOHL VERLAG Wir werden Leseprofi / Klasse 5
Fit durch Lesetraining! – Bestell-Nr. 16 765

6 Schlangen

2. Lernschritt

➔ *Beantworte die folgenden Fragen zum Lesetext sinngemäß.*

➔ *Schreibe in vollständigen Sätzen.*

a) Warum fürchteten sich unsere Vorfahren vor den Schlangen? ______________________

____

b) Was bedeutete es für unsere Vorfahren, dass die Schlangen im Winter verschwanden und gehäutet wieder auftauchten?

____

____

c) Für was steht die Schlange in den Harry Potter-Büchern? ______________________

____

d) Wann greift eine Schlange Menschen an? ______________________

____

e) Wie lange gibt es schon Schlangen auf dem Planeten? ______________________

____

f) Was kann man am Skelett von Riesenschlangen finden? ______________________

____

g) Wie finden die meisten Menschen Schlangen? ______________________

____

h) Wie viele Schlangenarten gibt es? ______________________

Zusatzaufgabe

Informiert euch über Schlangenarten, die es in eurer Heimat gibt. Sind darunter auch giftige Schlangen oder sind die Schlangen sogar vom Aussterben bedroht?

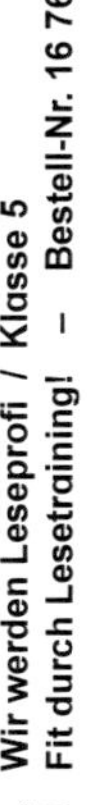

Wir werden Leseprofi / Klasse 5
Fit durch Lesetraining! – Bestell-Nr. 16 765

7 Orang-Utans

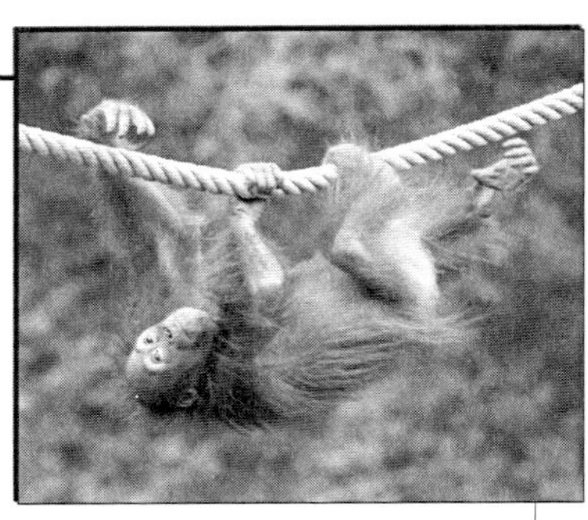

Scheue Schlauberger sind diese Menschenaffen, die auf Sumatra* oder Borneo** leben. Orang-Utans gehören zu den Menschenaffen, wie Schimpansen und Gorillas. Sie werden bis zu 40 Jahre alt. In Gefangenschaft werden Orang-Utans oft bis zu 50 Jahre alt. Die Weibchen bekommen in ihrem Leben höchstens drei Junge. Die Kinderliebe der Mütter ist so groß wie die der Menschenmütter. Sie behüten ihren Nachwuchs bis zu acht Jahre lang. In Verhalten und Körperbau sind sie uns ähnlich, denn vor etwa 11 Millionen Jahren hatten wir gemeinsame Vorfahren.
Orang-Utans gelten als besonders intelligente Tiere. Unter Tierpflegern wird gern folgender Witz erzählt: Was macht ein Menschenaffe mit einem Schraubenzieher? Ein Schimpanse würde ihn einem Artgenossen nachwerfen. Ein Gorilla würde sich damit den Rücken kratzen. Der Orang-Utan würde warten, bis der Pfleger verschwunden ist, um dann das Käfigschloss zu knacken.

134 Wörter

** Sechstgrößte Insel der Welt. Gehört zu Indonesien (Südostasien)*
***Drittgrößte Insel der Welt. (Südostasien)*

1. Lernschritt

➔ *Lies die folgenden Sätze aufmerksam durch.*
➔ *Ist die Aussage inhaltlich richtig? Dann kreuze die Aussage an.*

(!) *Achtung: Du darfst jetzt nicht mehr im Text nachlesen!*

Knicke das Blatt entlang dieser Linie nach hinten.

Richtig 

1	Orang-Utans sind Menschenaffen.	
2	Sie leben überwiegend in Südamerika.	
3	In Gefangenschaft werden Orang-Utans bis zu 30 Jahre alt.	
4	Bis zu acht Jahre lang wird ein junger Orang-Utan von seiner Mutter behütet.	
5	Oran-Utans sind im Verhalten und Körperbau den Menschen ähnlich.	
6	Menschen und Orang-Utans haben keine gemeinsamen Vorfahren.	
7	Orang-Utans gelten als besonders intelligente Tiere.	
8	Bis zu neun Junge bekommen die Weibchen in ihrem Leben.	
9	In einem Witz sagt man, dass Gorillas einen Schraubenzieher verschlucken würden.	
10	Der Witz sagt aber auch, dass Schimpansen mit dem Schraubenzieher das Käfigschloss knacken würden.	

7 Orang-Utans

2. Lernschritt

➔ *Beantworte die folgenden Fragen zum Lesetext sinngemäß.*

➔ *Schreibe in vollständigen Sätzen.*

a) Wo leben Orang-Utans? ______________________________

____

b) Wer gehört neben Orang-Utans noch zu den Menschenaffen? ______________________________

____

c) Wie viele Junge bekommen die Weibchen in ihrem Leben? ______________________________

____

d) Wieso sind uns Orang-Utans in Verhalten und Körperbau ähnlich? ______________________________

____

____

e) Wieso sagt man, Orang-Utans seien Schlauberger? ______________________________

____

f) Was, erzählt der Witz, würde ein Schimpanse mit einem Schraubenzieher machen?

____

g) Wie alt werden Orang–Utans? ______________________________

____

h) Was erzählt der Witz über Orang-Utans? ______________________________

____

Zusatzaufgabe

Lerne den Witz und trage ihn als Affe vor. Mache dazu passende Gesichter, Geräusche und Bewegungen.

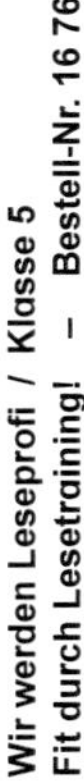

Wir werden Leseprofi / Klasse 5 – Bestell-Nr. 16 765
Fit durch Lesetraining!

8 Mordlöcher

Im Mittelalter schützten Burgen den Burgherren und seine Untertanen. Man baute diese Festungen in schwer zugänglichem Gelände, auf hohen Felsen oder im Wasser. Die dicken Mauern sollten zusätzlich Schutz bieten. Im Innern der Burg befanden sich das Wohnhaus des Burgherrn, die Kapelle, Wirtschaftsgebäude, Ställe und Häuser der Untertanen. Es gab auch einen Brunnen, der die Bewohner mit Trinkwasser versorgen konnte. Im Falle einer Belagerung war der Brunnen überlebenswichtig. Bei einer Belagerung galt das Torhaus als besonderer Schwachpunkt. Das Tor wurde deshalb durch eine Zugbrücke oder ein Fallgitter geschützt. Hatten die Eindringlinge die verriegelten Holztüren dennoch überwunden, konnten sie noch über die so genannten Mordlöcher aufgehalten werden. In der Decke über dem Toreingang waren Löcher eingelassen, durch die Steine abgeworfen werden konnten. Auch Pfeile wurden durch diese Mordlöcher geschossen. Sogar mit heißem Wasser wurden die Eindringlinge überschüttet.

137 Wörter

1. Lernschritt

➔ *Lies die folgenden Sätze aufmerksam durch.*

➔ *Ist die Aussage inhaltlich richtig? Dann kreuze die Aussage an.*

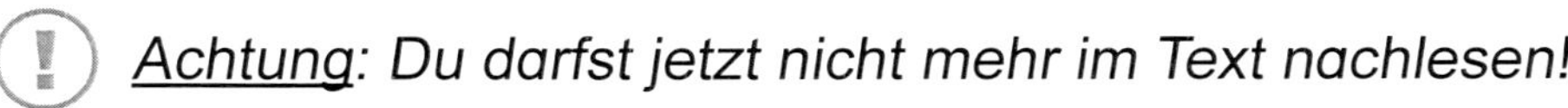

<u>Achtung</u>: Du darfst jetzt nicht mehr im Text nachlesen!

Knicke das Blatt entlang dieser Linie nach hinten.

Richtig 

1	Im Mittelalter schützten Schlösser und Festungen den Burgherrn und seine Untertanen.	
2	Die Burgen wurden in schwer zugänglichem Gelände oder beispielsweise auf hohen Felsen gebaut.	
3	Zusätzlichen Schutz sollten die dicken Türme bieten.	
4	Der Brunnen im Innern der Burg konnte die Bewohner mit Trinkwasser versorgen.	
5	Bei einer Belagerung war das Torhaus ein besonderer Schwachpunkt.	
6	Hatten die Eindringlinge die verriegelten Türen überwunden, konnten sie durch nichts mehr aufgehalten werden.	
7	In der Decke über dem Toreingang waren Löcher eingelassen, durch die man Steine abwerfen konnte.	
8	Man warf auch faule Tomaten und rohe Eier durch diese Mordlöcher.	
9	Durch diese Mordlöcher wurden auch Pfeile auf die Angreifer abgeschossen.	
10	Sogar mit heißem Wasser wurden die Eindringlinge überschüttet.	

8 **Mordlöcher**

2. Lernschritt

➔ *Beantworte die folgenden Fragen zum Lesetext sinngemäß.*

➔ *Schreibe in vollständigen Sätzen.*

a) Was schützte im Mittelalter den Burgherren und seine Untertanen?

b) Was befand sich im Innern der Burg?

c) Wann war der Brunnen überlebenswichtig?

d) Wie wurde das Tor zusätzlich vor Eindringlingen geschützt?

e) Wo konnten Steine auf Eindringlinge abgeworfen werden?

f) Was wurde ebenfalls durch die Mordlöcher auf die Eindringlinge abgeschüttet?

g) Wo baute man die Burgen hin?

h) Wieso wurde das Torhaus mit Zugbrücke oder Fallgitter geschützt?

Zusatzaufgabe *Erkläre schriftlich, warum die Mordlöcher in einer Burganlage so wichtig waren.*

Wir werden Leseprofi / Klasse 5 – Bestell-Nr. 16 765
Fit durch Lesetraining!
KOHL VERLAG

9 Schildkröten

Was sagt eine Schnecke, wenn sie auf einer Schildkröte sitzt? „Huch, ist die schnell!“ Recht hat sie, denn eine Schnecke ist zehnmal langsamer als das gepanzerte Urzeittier. Seit Urzeiten leben Schildkröten auf der Erde, nämlich seit 225 Millionen Jahren. Sie haben also Eiszeiten und die Dinosaurier überlebt. Sie können über 150 Jahre alt werden. In einer Stunde kann eine Schildkröte 350 Meter weit laufen, wenn sie es richtig eilig hat. Es gibt nur eine europäische Schildkrötenart, eine Sumpfschildkröte. Sie kann mit ihren besonderen Augenlinsen auch unter Wasser gut sehen. Von den etwa 220 Schildkrötenarten leben die meisten im Süßwasser. Sie leben auf allen Kontinenten, außer in der Antarktis. Wie alle Reptilien sind sie wechselwarme Tiere, deren Körpertemperatur sich der Umgebungswärme anpasst. Sie müssen sich deshalb, wenn es zu heiß oder zu kalt wird, zur Sommer- oder Winterruhe verkriechen.

139 Wörter

1. Lernschritt

➔ *Lies die folgenden Sätze aufmerksam durch.*
➔ *Ist die Aussage inhaltlich richtig? Dann kreuze die Aussage an.*

(!) *<u>Achtung</u>: Du darfst jetzt nicht mehr im Text nachlesen!*

- -

Knicke das Blatt entlang dieser Linie nach hinten.

Richtig X

1	Dies sagt die Schnecke, wenn sie auf einer Schildkröte sitzt: „Huch, ist die wackelig!“	
2	Schildkröten leben seit Urzeiten auf der Erde.	
3	Schnecken haben die Eiszeit und Dinosaurier überlebt.	
4	Eine Schildkröte kann über 400 Jahre alt werden.	
5	Die meisten Schildkröten leben im Süßwasser.	
6	Schildkröten leben am liebsten in der Antarktis.	
7	Schildkröten gehören zu der Gattung der Reptilien.	
8	Ihre Körpertemperatur kann sich der Umgebung nicht anpassen.	
9	Wenn es besonders heiß wird, schwitzen Schildkröten bis zu vier Liter Wasser aus.	
10	Im Sommer oder Winter halten die Schildkröten sich auf Bäumen auf.	

KOHL VERLAG
Wir werden Leseprofi / Klasse 5 – Fit durch Lesetraining! – Bestell-Nr. 16 765

9 Schildkröten

2. Lernschritt

➔ *Beantworte die folgenden Fragen zum Lesetext sinngemäß.*

➔ *Schreibe in vollständigen Sätzen.*

a) Was sagt eine Schnecke, wenn sie auf einer Schildkröte sitzt?

____

____

b) Seit wann leben Schildkröten auf der Erde? ______________________

____

c) Wen haben die Schildkröten überlebt? ______________________

____

d) Was kann die europäische Sumpfschildkröte mit ihren Augenlinsen? ____________

____

e) Wo leben Schildkröten nicht? ______________________

____

f) Was geschieht mit der Körpertemperatur der Schildkröten, wenn sich die Außentemperatur verändert?

____

____

g) Was machen Schildkröten, wenn es ihnen im Sommer zu heiß oder im Winter zu kalt wird?

____

____

Zusatzaufgabe

Schildkröten sind faszinierende Urzeittiere, die auch besonders alt werden können. Bildet Gruppen und informiert euch über die gepanzerten Erdbewohner. Tauscht eure Ergebnisse untereinander aus.

Wir werden Leseprofi / Klasse 5 – Bestell-Nr. 16 765
Fit durch Lesetraining!
KOHL VERLAG

10 Die Kokospalme

Die Kokospalme ist eine nützliche Pflanze, von der man fast alles verwenden kann. Auch den Kindern machen diese Pflanzen Spaß, denn sie klettern gern an ihnen hoch. Mit etwas Übung gelingt es ihnen, die Kerben hoch zu steigen, die in den Stamm geschlagen wurden. Aber Ratten und Mäuse dürfen nicht nach oben gelangen. Sie würden nur die Früchte fressen. Deshalb ist ein Metallband um den Stamm gelegt, so finden die Nagerfüße keinen Halt. Die Kokosnüsse fallen herunter oder werden geerntet. Die Kokosmilch ist wässrig und sehr erfrischend. Das weiße Fleisch der Kokosnuss schmeckt einfach gut. Man kann diese Früchte aber nicht nur essen, sondern auch Kerzen, Öl oder Seife daraus herstellen. Aus den Fasern, die rund um die Schale sind, werden Matten geflochten. Aus den getrockneten Schalen werden Schüsseln hergestellt. Wegen ihrer vielfältigen Verwendung ist die Kokospalme eine nützliche Pflanze.

142 Wörter

1. Lernschritt

➔ *Lies die folgenden Sätze aufmerksam durch.*
➔ *Ist die Aussage inhaltlich richtig? Dann kreuze die Aussage an.*

(!) *Achtung: Du darfst jetzt nicht mehr im Text nachlesen!*

Knicke das Blatt entlang dieser Linie nach hinten.

Richtig 

1	Die Kokospalme ist eine nützliche Pflanze.	
2	Kinder finden diese Pflanzen total langweilig.	
3	Ratten und Mäuse würden die Früchte der Kokospalme fressen.	
4	Damit die Magerfüße keinen Halt am Stamm finden, wurde ein Plastikband darumgelegt.	
5	Kokosnüsse fallen herunter oder werden geerntet.	
6	Kokosmilch ist sehr bitter.	
7	Kokosnussfleisch schmeckt einfach nach nichts.	
8	Aus Kokosnüssen kann man auch Öl herstellen.	
9	Die Fasern rund um die Schale kann man nicht verwenden.	
10	Aus ihren Schalen werden Töpfe hergestellt.	

Wir werden Leseprofi / Klasse 5 – Bestell-Nr. 16 765
Fit durch Lesetraining!
KOHL VERLAG

10 # Die Kokospalme

2. Lernschritt

➔ *Beantworte die folgenden Fragen zum Lesetext sinngemäß.*

➔ *Schreibe in vollständigen Sätzen.*

a) Wieso ist die Kokospalme eine nützliche Pflanze? ______________________

____

b) Wieso bereiten Kokospalmen auch Kindern Spaß? ______________________

____

c) Wer darf nicht nach oben gelangen? ______________________

____

d) Wieso finden die Nagerfüße von Ratten und Mäusen keinen Halt auf dem Stamm?

____

e) Wie schmeckt die Kokosmilch? ______________________

____

f) Was kann man außer Nahrung noch aus Kokosnüssen machen?

____

____

g) Finden die Fasern rund um die Schale auch Verwendung? ______________________

____

h) Woraus werden Schüsseln hergestellt? ______________________

____

Zusatzaufgabe

Liste auf, was man aus einer Kokospalme alles herstellen kann. Welche Teile der Palme werden dazu benötigt?

Wir werden Leseprofi / Klasse 5
Fit durch Lesetraining! – Bestell-Nr. 16 765
KOHL VERLAG

11 Bumerangs

Im Technikunterricht haben die fünften Klassen Bumerangs hergestellt. Tim findet, dass es eine mühevolle Schleif- und Schmirgelarbeit gewesen ist. Aber es hat sich gelohnt. Gleich heute Nachmittag will er mit Andreas die Wurftechnik üben. Wenn sie gut sind, kommt der Bumerang zu ihnen zurück. Sie treffen sich am Sportplatz, denn dort haben die beiden genügend Platz. „Aber wie halte ich den Bumerang denn richtig? Das hat uns Herr Schmidt gar nicht gezeigt“, will Tim wissen. „Ich habe zu Hause ein Buch über die Aborigines. Das sind die Ureinwohner Australiens. Die haben die Bumerangs sozusagen erfunden. Die nehmen ihn in die Faust oder halten ihn wie einen Bleistift“, antwortet Andreas. „OK“, gibt Tim zu verstehen, „der Wind spielt auch noch eine Rolle. Am besten, wir probieren es jetzt mal aus.“ Der Bumerang kommt an diesem Nachmittag zwar noch nicht zu ihnen zurück, aber er beschreibt schon einen Halbkreis. Morgen wollen sie weiter üben.

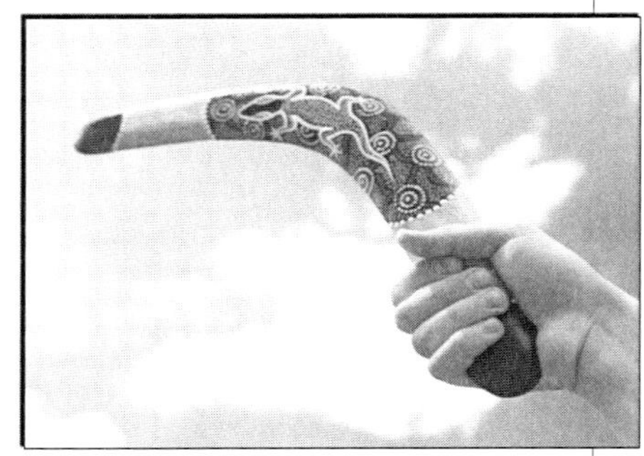

153 Wörter

1. Lernschritt

➔ *Lies die folgenden Sätze aufmerksam durch.*
➔ *Ist die Aussage inhaltlich richtig? Dann kreuze die Aussage an.*

(!) *<u>Achtung</u>: Du darfst jetzt nicht mehr im Text nachlesen!*

- -

Knicke das Blatt entlang dieser Linie nach hinten.

Richtig 

1	Im Sportunterricht haben die fünften Klassen Bumerangs hergestellt.	
2	Es ist eine mühevolle Schleif- und Schmirgelarbeit gewesen.	
3	Gleich heute Mittag will Tim mit Andreas die Wurftechnik üben.	
4	Sie treffen sich im Schwimmbad, denn dort haben sie genügend Platz.	
5	Tim will wissen, wie er den Bumerang richtig halten muss.	
6	Andreas hat zu Hause ein Buch über Indianer.	
7	Die Aborigines haben die Bumerangs sozusagen erfunden.	
8	Der Regen spielt beim Werfen auch eine Rolle.	
9	Der Bumerang kommt an diesem Nachmittag noch nicht zu ihnen zurück.	
10	Der Bumerang landet im nächsten Baum.	

KOHL VERLAG
Wir werden Leseprofi / Klasse 5 – Bestell-Nr. 16 765
Fit durch Lesetraining!

11

Bumerangs

2. Lernschritt

➔ *Beantworte die folgenden Fragen zum Lesetext sinngemäß.*

➔ *Schreibe in vollständigen Sätzen.*

a) Wo haben die fünften Klassen Bumerangs hergestellt? ______________________

____

b) Mit wem will Tim die Wurftechnik üben? ______________________

____

c) Wieso treffen sich Tim und Andreas am Sportplatz? ______________________

____

d) Wer hat den beiden nicht gezeigt, wie man den Bumerang richtig hält?

____

e) Wer sind die Aborigines? ______________________

____

f) Was spielt beim Werfen eines Bumerangs außer dem richtigen Halten noch eine Rolle?

____

g) Wie fliegt der Bumerang an diesem Nachmittag? ______________________

____

____

h) Wann wollten Tim und Andreas weiter üben? ______________________

____

Zusatzaufgabe

Was sind eigentlich die Aborigines, die den Bumerang benutzten? Nutze Lexika oder das Internet, um mehr über sie zu erfahren.

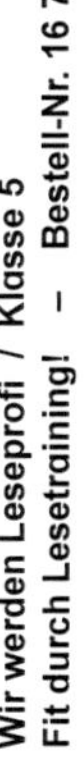

12 Mit dem Skateboard durch Australien

Von der Süd- bis zur Nordküste sind es fast 3000 Kilometer. Man kann sie für gewöhnlich fliegen oder mit dem Auto überwinden. Ich setzte auf ein sehr ungewöhnliches Fortbewegungsmittel. Ich machte die Reise mit einem Skateboard, das von einem Lenkdrachen gezogen wurde. So erreichte ich Geschwindigkeiten bis zu 50 km/h. Das Board war extra lang und hatte breitere Reifen. Mein Gepäck trug ich auf dem Rücken.Einiges hatte ich an dem Gefährt befestigt. Zum Schlafen legte ich mich einfach an den Straßenrand. Es war ein echtes Abenteuer. Das hatte ich mir immer gewünscht. Doch einmal wurde es gefährlich. Mein Drachen wurde von einer Windböe mitgerissen und ich gegen einen Baum geschleudert. Da ich einen Helm trug, passierte mir Gott sei Dank nichts weiter. Nur ein paar Schrammen und eine blutige Lippe kostete mich diese „Windeskapade“. Für die ganze Strecke brauchte ich nur 17 Tage und erlebte viel mehr als in einem Flugzeug.

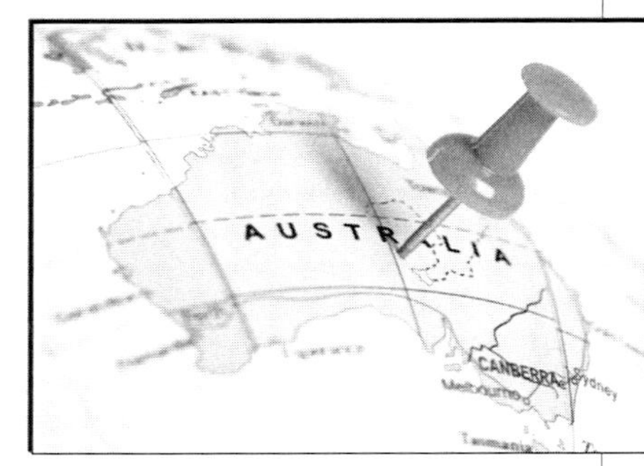

157 Wörter

1. Lernschritt

➔ *Lies die folgenden Sätze aufmerksam durch.*
➔ *Ist die Aussage inhaltlich richtig? Dann kreuze die Aussage an.*

(!) *Achtung: Du darfst jetzt nicht mehr im Text nachlesen!*

Knicke das Blatt entlang dieser Linie nach hinten.

Richtig 

		Richtig
1	Von der Süd- bis zur Nordküste sind es fast 300 Kilometer.	
2	Ich setzte auf ein sehr ungewöhnliches Fortbewegungsmittel.	
3	Ich machte die Reise mit einem Fahrrad und einem Lenkdrachen.	
4	Ich erreichte damit Geschwindigkeiten bis zu 150 km/h.	
5	Das Board hatte breitere Reifen und war extra lang.	
6	Einiges Gepäck ließ ich mit dem Bus hinter mir hertransportieren.	
7	Mein Drachen erfasste eine Windböe und ich wurde gegen einen Baum geschleudert.	
8	Dabei brach ich mir den Arm.	
9	Ich brauchte 3 Tage für die ganze Strecke.	
10	In einem Flugzeug hätte ich viel mehr erlebt.	

KOHL VERLAG
Wir werden Leseprofi / Klasse 5 – Bestell-Nr. 16 765
Fit durch Lesetraining!

12 Mit dem Skateboard durch Australien

2. Lernschritt

➔ *Beantworte die folgenden Fragen zum Lesetext sinngemäß.*

➔ *Schreibe in vollständigen Sätzen.*

a) Wie legt man für gewöhnlich die 3000 Kilometer quer durch Australien zurück?

____

b) Wie machte ich meine Reise? ______________________

____

c) Wie sah das Board aus? ______________________

____

d) Wo schlief ich? ______________________

____

e) Wann wurde es gefährlich? ______________________

____

f) Was zog ich mir bei dieser „Windeskapade" zu? ______________________

____

g) Wie lange brauchte ich für diese Strecke? ______________________

____

h) Warum war es von Vorteil, mit dem Skateboard und nicht mit dem Flugzeug durch Australien zu reisen?

____

____

Zusatzaufgabe

Kennt ihr noch andere außergewöhnliche Fortbewegungsmittel? Tauscht euch darüber aus.

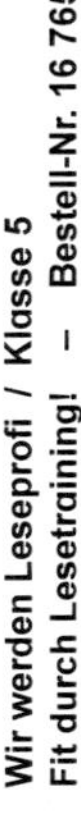

Wir werden Leseprofi / Klasse 5 – Fit durch Lesetraining! – Bestell-Nr. 16 765

13 Jeans

Anfangs trugen sie nur Bergarbeiter und Cowboys. Jetzt ist sie eine Allerweltshose, die Generationen und soziale Schichten überschreitet. Denn jeder trägt sie: Frau und Mann, Alt und Jung, Künstler und Sportler, Obdachloser und Modedesigner. Ursprünglich waren Jeans reine Arbeitshosen, die praktisch unverwüstlich waren. Der Deutsche Levi Strauss wanderte 1847 in die USA ein und gründete die bekannteste Jeansfirma der Welt. Jedes Jahr werden ca. 800 Millionen Jeans hergestellt. Bis eine Jeans verkauft wird, hat sie eine weite Reise hinter sich. 20000 km wird sie mit Lastwagen, Schiffen und Eisenbahnen transportiert. Das liegt daran, dass die Rohstoffe aus verschiedenen Ländern stammen. Die Baumwolle für den Stoff kommt aus Ägypten und Indien, das Zink für die Knöpfe aus China, das Kupfer für die Nieten aus Chile. Gesponnen wird das Garn in China, gewebt wird in Italien und China und genäht in Russland oder auf den Philippinen. So verbraucht eine Hose, die nur ein Pfund wiegt, rund 8000 Liter Wasser, bis sie fertiggestellt ist. Denn stonewashed ist in.

166 Wörter

1. Lernschritt

➔ *Lies die folgenden Sätze aufmerksam durch.*

➔ *Ist die Aussage inhaltlich richtig? Dann kreuze die Aussage an.*

(!) *<u>Achtung</u>: Du darfst jetzt nicht mehr im Text nachlesen!*

Knicke das Blatt entlang dieser Linie nach hinten.

Richtig 

		Richtig
1	Anfangs trugen Jeans nur die reichen Bürger.	
2	Heute trägt jeder Jeans, egal zu welcher Generation oder Schicht man gehört.	
3	Ursprünglich waren Jeans Sonntagshosen, um in die Kirche zu gehen.	
4	Der Gründer der bekanntesten Jeansfirma war der Deutsche Levi Strauss.	
5	Eine Jeans hat bis zum Verkauf eine kurze Reise hinter sich.	
6	Die Baumwolle für den Stoff stammt aus Deutschland oder Schweden.	
7	Zink für die Knöpfe kommt aus China.	
8	Der Stoff wird unter anderem in Italien gewebt.	
9	Eine Hose verbraucht ca. 8 Liter Wasser bis sie fertig ist.	
10	Stonewashed ist in.	

Wir werden Leseprofi / Klasse 5 – Bestell-Nr. 16 765
Fit durch Lesetraining!
KOHL VERLAG

13 Jeans

2. Lernschritt

➔ *Beantworte die folgenden Fragen zum Lesetext sinngemäß.*

➔ *Schreibe in vollständigen Sätzen.*

a) Wer trug anfangs nur Jeans? ____________________

____

b) Wer trägt heute Jeans? ____________________

____

____

c) Wer gründete die bekannteste Jeansfirma der Welt? ____________________

____

d) Wie lange ist die Reise, die eine Jeans von der Herstellung bis zum Verkauf zurücklegt?

____

____

e) Woran liegt es, dass die Jeans eine so weite Reise hinter sich hat? ____________________

____

f) Wo wird die Jeans z.B. zusammengenäht? ____________________

____

g) Wie viele Liter Wasser verbraucht eine stonewashed Jeans in ihrer Herstellung?

____

____

Zusatzaufgabe

Wieso haben Jeans wohl die Welt so rasant verändert? Erklärt.

Wir werden Leseprofi / Klasse 5 – Bestell-Nr. 16 765
Fit durch Lesetraining!

14 Schule

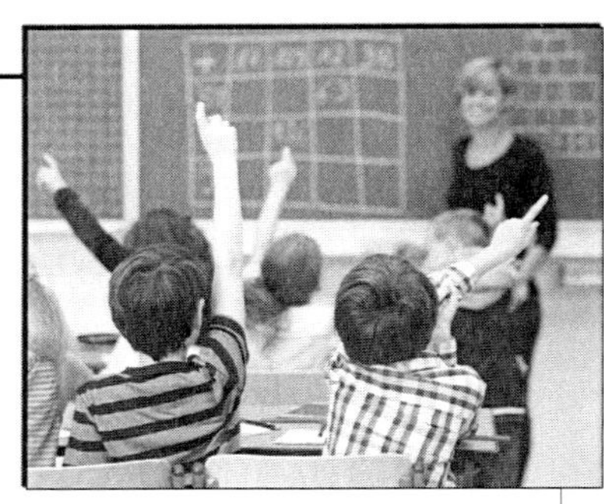

Die Schule für alle Kinder, die „Volksschule", gibt es in Europa erst seit 200 Jahren. Die Kinder haben Schulpflicht und die Eltern müssen ihre Kinder zum Unterricht schicken, denn sonst droht ihnen ein Bußgeld. Die Lehrer werden vom Staat ausgewählt und bezahlt. Früher war das nicht so: Lesen, Schreiben und Rechnen lernen war das Vorrecht von Kindern reicher Eltern. Ein Privatlehrer unterrichtete in der Regel die Knaben des Haushaltes. Die Mädchen hatten weniger Chancen auf Bildung. Ihnen wurde von den Müttern die Haushaltsführung beigebracht. Gebildete Frauen waren in der Antike oder im Mittelalter eine Ausnahme. In den Klöstern wurden manchmal besonders begabte Kinder aus bäuerlichen Familien unterrichtet. Aber auch das war selten. Was uns heute eine Selbstverständlichkeit ist, über die auch oft gejammert und gestöhnt wird, ist für Millionen von Kindern in Afrika, Asien und Lateinamerika ein Luxus, auf den sie verzichten müssen. Sie erhalten keine Schulbildung, weshalb sie später oft für Hungerlöhne arbeiten müssen oder auf den Straßen herumlungern. Diese Kinder werden später auch nicht für mehr Rechte ihrer eigenen Kinder kämpfen können.

175 Wörter

1. Lernschritt

➔ *Lies die folgenden Sätze aufmerksam durch.*
➔ *Ist die Aussage inhaltlich richtig? Dann kreuze die Aussage an.*

(!) *Achtung: Du darfst jetzt nicht mehr im Text nachlesen!*

Knicke das Blatt entlang dieser Linie nach hinten.

Richtig 

1	Die Volksschule gibt es in Europa erst seit 200 Jahren.	
2	Schicken die Eltern ihre Kinder nicht in die Schule, droht ihnen ein Bußgeld.	
3	Die Lehrer werden von der Gemeinde ausgewählt und bezahlt.	
4	Früher war Lesen, Schreiben und Rechnen das Vorrecht von Kindern gebildeter Eltern.	
5	Mädchen wurde früher die Haushaltsführung beigebracht.	
6	Begabte Kinder bäuerlicher Familien wurden in Kirchen unterrichtet.	
7	In Afrika, Asien und Lateinamerika müssen viele Kinder auf den Luxus Schule verzichten.	
8	Weil viele Kinder eine gute Schulbildung erhalten, müssen sie später für Hungerlöhne arbeiten.	
9	Schulkinder lungern in den Pausen immer auf der Straße herum.	
10	Kinder ohne Schulbildung werden immer für reiche Leute kämpfen können.	

KOHL VERLAG
Wir werden Leseprofi / Klasse 5 – Fit durch Lesetraining! – Bestell-Nr. 16 765

14 Schule

2. Lernschritt

➔ *Beantworte die folgenden Fragen zum Lesetext sinngemäß.*

➔ *Schreibe in vollständigen Sätzen.*

a) Seit wann gibt es in Europa die „Volksschule“? ____________________

____

b) Wer hatte früher das Vorrecht Lesen, Schreiben und Rechnen zu lernen?

____

____

c) Was lernten die Mädchen früher? ____________________

____

d) Was war in der Antike oder im Mittelalter eine Ausnahme? ____________________

____

e) Wer wurde manchmal auch in den Klöstern unterrichtet? ____________________

____

f) Vielen Kindern in Afrika, Asien und Lateinamerika wird Bildung vorenthalten. Was machen diese Kinder später im Leben?

____

____

g) Wofür werden diese Kinder später kaum kämpfen können? ____________________

____

Zusatzaufgabe

Heute muss bzw. darf jeder zur Schule gehen. Bist du der Meinung, dass dies ein großer Vorteil ist oder hältst du das für unnötig?

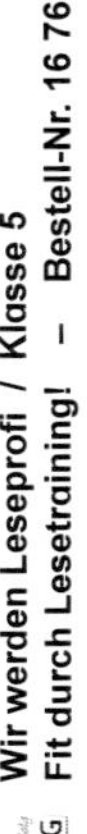

15 Alexander der Große

Vielleicht habt ihr schon einmal etwas über Alexander den Großen gehört – im Unterricht oder einfach etwas über ihn gelesen. Alexander war der Sohn des makedonischen Königs Philipp II. Nach der Ermordung seines Vaters übernahm Alexander im Jahr 337 v. Chr. die Herrschaft über sein Heimatland Makedonien und über weite Teile Griechenlands, die sein Vater erobert hatte. Sein Traum war es, die Eroberungen fremder Länder, die König Philipp II. begonnen hatte, fortzuführen und ein riesiges Weltreich zu erschaffen. Seine schlimmsten Gegner waren die gewaltigen Heere der Perser unter ihrem König Dareios III. Sein Heer galt als unbezwingbar, aber Alexander schaffte das Unmögliche. Er vernichtete im Jahre 331 v. Chr. in der berühmten Schlacht von Gaugamela die Perser und zwang ihren König zur Flucht und damit auch zum Verlust seiner Macht. Da Alexander als der tapferste und mutigste aller Krieger galt, gab man ihm den Beinamen Alexander der Große. In einem Gewaltmarsch zu Fuß über mehr als 20.000 km führte er seine Krieger bis nach Indien. Damit hatte er seinen Traum erfüllt und das größte Reich der damaligen Weltepoche geschaffen.

181 Wörter

1. Lernschritt

➔ *Lies die folgenden Sätze aufmerksam durch.*
➔ *Ist die Aussage inhaltlich richtig? Dann kreuze die Aussage an.*

(!) *<u>Achtung</u>: Du darfst jetzt nicht mehr im Text nachlesen!*

Knicke das Blatt entlang dieser Linie nach hinten.

		Richtig X
1	Alexander war der Sohn, des mazedonischen Königs Phillipp II.	
2	Nachdem sein Vater ermordet wurde, übernahm Alexander die Herrschaft über Makedonien und weite Teile Griechenlands.	
3	Er hatte den Traum, Amerika zu erobern.	
4	Das Heer der Perser galt als leicht bezwingbar.	
5	In einer gewaltigen Schlacht schaffte es Alexander, das Heer der Perser zu besiegen.	
6	Der persische König floh und verlor somit seine Macht.	
7	Da Alexander als der tapferste und mutigste aller Krieger galt, gab man ihm den Beinamen Alexander der Kleine.	
8	Alexander der Große führte seine Krieger zu Fuß bis nach Indien.	
9	Viele Krieger brachen auf dem Weg nach Indien erschöpft zusammen.	
10	Alexander hatte sich mit dem Marsch nach Indien seinen Traum erfüllt und das größte damalige Reich geschaffen.	

15 **Alexander der Große**

2. Lernschritt

→ *Beantworte die folgenden Fragen zum Lesetext sinngemäß.*

→ *Schreibe in vollständigen Sätzen.*

a) Wer war Alexander der Große? ______________________

____

b) Was war Alexanders Traum? ______________________

____

____

c) Als was galt das Heer des Perserkönigs Dareios III? ______________________

____

d) Wieso gab man Alexander den Beinamen Alexander der Große?

____

____

e) Wohin führte ein Gewaltmarsch ihn und seine Krieger? ______________________

____

f) Was hatte sich Alexander damit erfüllt? ______________________

____

____

g) Worauf musste der König der Perser daraufhin verzichten?

____

Zusatzaufgabe *Welche anderen Herrscher, außer Alexander dem Großen, kennt ihr, die auch versuchten, ein ähnlich großes Reich aufzubauen?*

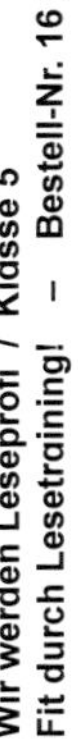

Wir werden Leseprofi / Klasse 5 – Bestell-Nr. 16 765
Fit durch Lesetraining!
KOHL VERLAG

16 Der Pflaumenkuchen

Es war Anfang September. Seit einer Woche lag ich meiner Mutter in den Ohren mit der Bitte, uns einen Pflaumenkuchen zu backen. Am letzten Freitag hatte ich sie endlich überredet. Wir kauften auf dem Markt zwei Kilo Pflaumen, ein Päckchen Hefe und eine Flasche Sahne. Mutter fertigte den Teig, ich durfte die Pflaumen entkernen. Schnell war das Backblech eingefettet, der Teig wurde dünn ausgerollt und mit den geviertelten Pflaumen belegt. Den Backofen auf 180 Grad gestellt, konnte es losgehen. Mutter musste noch einmal in die Stadt, sie hatte vergessen, beim Metzger den bestellten Braten abzuholen. Bevor sie ging, ermahnte sie mich noch einmal: „Denke daran, in 50 Minuten die Hitze abstellen und das Backblech herausheben. Nimm die Handschuhe, damit du dich nicht verbrennst!"

Ich setzte mich an meinen Computer, mein Opa hatte mir ein tolles Spiel gekauft: ‚Krieg auf fernen Planeten'. Aber irgendetwas störte mich in meiner Konzentration. Es roch so komisch. Ein verbrannter Geruch kam aus der Küche! Ich rannte hin und sah die Bescherung. Dünne Rauchschwaden entstiegen dem Backofen. Der Kuchen und die Pflaumen waren schwarz. Es war schon über eine Stunde vergangen, seitdem meine Mutter weg war. Der herrliche Kuchen war total verbrannt. Das war ein Chaos, als meine Mutter zurückkam.

204 Wörter

1. Lernschritt

➔ *Lies die folgenden Sätze aufmerksam durch.*

➔ *Ist die Aussage inhaltlich richtig? Dann kreuze die Aussage an.*

(!) *Achtung: Du darfst jetzt nicht mehr im Text nachlesen!*

Knicke das Blatt entlang dieser Linie nach hinten.

Richtig 

Nr.	Aussage	Richtig
1	Seit zwei Wochen lag ich meiner Mutter mit der Bitte in den Ohren, uns einen Birnenkuchen zu backen.	
2	Auf dem Markt kauften wir drei Kilo Birnen.	
3	Mutter machte den Teig und ich durfte die Pflaumen entkernen.	
4	Der Teig wurde mit den geviertelten Pflaumen belegt.	
5	Der Backofen wurde auf 180 Grad gestellt.	
6	Ich sollte in 30 Minuten den Backofen abstellen.	
7	Ich vertrieb mir meine Zeit mit dem interessanten Buch, das Opa mir geschenkt hatte.	
8	Ein verbrannter Geruch kam aus der Küche.	
9	Dem Backofen entstiegen kleine, feine Duftwolken.	
10	Als meine Mutter zurückkam war sie froh, dass ich den Backofen rechtzeitig ausgedreht hatte.	

KOHL VERLAG
Wir werden Leseprofi / Klasse 5 – Fit durch Lesetraining! – Bestell-Nr. 16 765

16

Der Pflaumenkuchen

2. Lernschritt

➔ *Beantworte die folgenden Fragen zum Lesetext sinngemäß.*

➔ *Schreibe in vollständigen Sätzen.*

a) Womit lag ich meiner Mutter seit einer Woche in den Ohren? ____________________

____

____

b) Was kauften wir auf dem Markt? ____________________

____

c) Was hatte Mutter vergessen? ____________________

____

d) Was sollte ich nehmen, um mich nicht zu verbrennen? ____________________

____

e) Was störte mich in meiner Konzentration beim Spiel? ____________________

____

f) Wie viel Zeit war vergangen, seit Mutter weg war? ____________________

____

g) Wie sah der Kuchen später aus? ____________________

____

h) Was war los, als Mutter später zurückkehrte? ____________________

____

Zusatzaufgabe

Ist euch schon einmal ein ähnliches Missgeschick passiert? Erzählt euch gegenseitig.

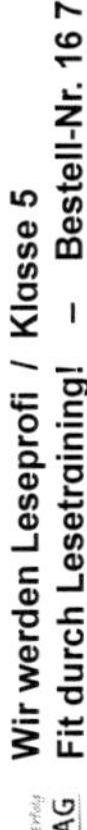

17 Wir fahren nach Frankreich

Es war ein Tag im Februar – Französisch bei Dr. Happert, Spitzname ‚Häppchen'. Er kam mit einer überraschenden, sensationellen Neuigkeit. „Hört mal alle gut zu: Zum Abschluss dieses Schuljahres möchte ich mit euch eine Klassenfahrt nach Frankreich machen – 10 Tage. Wir bilden eine Planungsgruppe, bestehend aus vier Leuten – Ulla, Dieter, Elfi und Herbi", eigentlich Herbert, aber alle nennen mich Herbi. Wir recherchierten ab dann, was das Zeug hielt. Im Internet suchten wir Informationen und wir erhielten Unterlagen vom französischen Informationsbüro in Frankfurt. Wir sprachen auch mit Leuten, die schon oft in Frankreich Urlaub gemacht haben. Die Finanzierung musste stimmen, ein Omnibus wurde bestellt, zwei Mütter sollten mitfahren und noch viel mehr. Im Mai hatten wir es geschafft. In einem Jugendhotel in der Provence, in Saint Remy hatten wir 18 Betten reserviert. Der Termin war 14 Tage vor Ferienbeginn. Die Kosten für jeden Schüler beliefen sich auf 489 €. Das war der Knackpunkt. Nicht jeder von uns konnte diese Summe bei seinen Eltern locker machen. Wir schrieben an vermeintliche Sponsoren, wie die Stadtsparkasse, an einen großen Baumarkt und an den Förderverein der Schule. Und es klappte! Wir konnten alle mitfahren! An einem Freitagmorgen um sechs Uhr starteten wir. Es lebe Frankreich! Unser Sprachurlaub war einfach fantastisch.

208 Wörter

1. Lernschritt

➔ *Lies die folgenden Sätze aufmerksam durch.*

➔ *Ist die Aussage inhaltlich richtig? Dann kreuze die Aussage an.*

 *Achtung: Du darfst jetzt nicht mehr im Text nachlesen!*

Knicke das Blatt entlang dieser Linie nach hinten.

Richtig 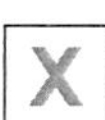

Nr.	Aussage	Richtig
1	Der Spitzname des Französischlehrers war Häppchen.	
2	Er kam, um uns eine Neuigkeit zu erzählen.	
3	Zum Abschluss des Schuljahres wollte er mit uns eine Fahrradtour machen.	
4	Allen nennen Herbert Berti.	
5	Informationen suchten wir im Internet oder wir sprachen mit Leuten, die schon in Frankreich Urlaub gemacht haben.	
6	Es sollten insgesamt drei Lehrer mitfahren.	
7	Der Termin für die Klassenfahrt war 14 Tage vor den Ferien.	
8	Die Kosten für die Fahrt beliefen sich auf 300 €.	
9	Jeder konnte mitfahren, weil wir es geschafft hatten das Geld bei Sponsoren locker zu machen.	
10	Der Sprachurlaub war fantastisch.	

17

Wir fahren nach Frankreich

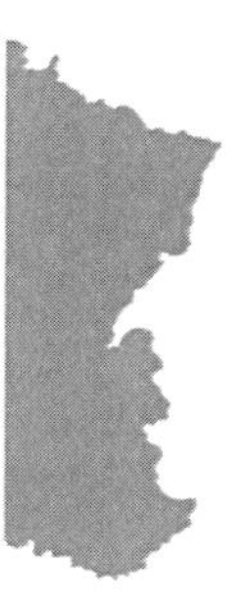

2. Lernschritt

➔ *Beantworte die folgenden Fragen zum Lesetext sinngemäß.*

➔ *Schreibe in vollständigen Sätzen.*

a) Bei wem hatten wir Französisch? ______________________________

____

b) Was bildeten wir, um unsere Klassenfahrt zu organisieren? ____________

____

____

c) Was musste stimmen und bestellt werden? ______________________

____

____

d) Was sollte die Klassenfahrt kosten? __________________________

____

e) Was taten wir, um das Geld für die Klassenfahrt zu bekommen? __________

____

____

f) An welchem Tag starteten wir in unseren Sprachurlaub? ______________

____

g) Wie war der Sprachurlaub? ______________________________

____

Zusatzaufgabe

Hast du schon einmal eine Reise mit deiner Klasse unternommen? Schreibe dabei dein beindruckendstes Erlebnis auf.

Wir werden Leseprofi / Klasse 5
Fit durch Lesetraining! – Bestell-Nr. 16 765
KOHL VERLAG

18 Der Mummelsee

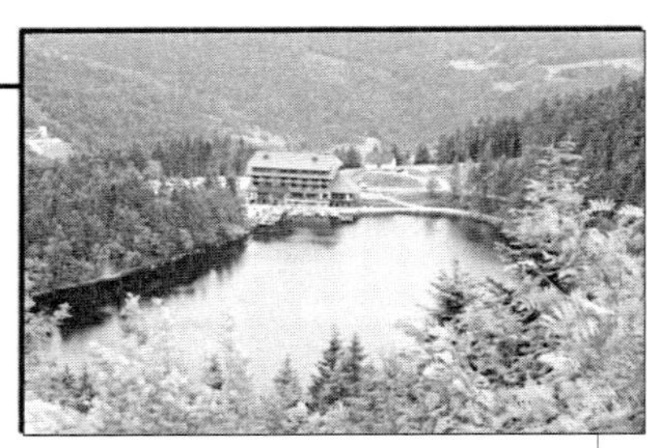

Meine Eltern wollten wieder einmal eine 'langes Wochenende' genießen; der Donnerstag war ein Feiertag und freitags schulfrei, sodass wir drei zusammen wegfahren konnten. Wir wollten Mamas Bruder besuchen. Ich konnte meinen Onkel Sven und meine Tante Ulrike gut leiden, sie waren beide sehr lustig und unternahmen immer interessante Ausflüge mit uns, wenn wir sie hin und wieder besuchten. Wir starteten also am Donnerstagmorgen. 450 km lagen vor uns, viel Verkehr. Zum Glück waren wir ganz früh losgefahren, daher kamen wir gut voran und waren um 11 Uhr in Achern, einer Kleinstadt in der schönen Ortenau. Das ist eine Landschaft in Baden-Württemberg, am Fuße des Schwarzwaldes.

Onkel Sven begrüßte uns an der Tür, der Tisch war gedeckt und es gab eine zünftige Jause. Gegen Mittag starteten wir zum Mummelsee. Das ist ein kleiner Bergsee, 1000 m hoch gelegen, inmitten schöner bewaldeter Berge. Auf dem großen Parkplatz standen schon viele Busse und eine Menge aufgeputzter Motorräder. Außer uns wollten noch viele Leute die Landschaft und das herrliche Wetter genießen. Der Mummelsee ist ein sagenumwobenes Gewässer. Elfen und Nixen sollen darin ihr Unwesen getrieben haben. Früher traute sich in der Dämmerung und nachts kein Mensch in die Nähe des Sees. Das Wasser ist so kalt, dass keine Fische darin leben können. Mein Onkel konnte uns eine ganze Menge grausiger Geschichten erzählen. Irgendwie sah der See auch gespenstig aus.

227 Wörter

1. Lernschritt

➔ *Lies die folgenden Sätze aufmerksam durch.*

➔ *Ist die Aussage inhaltlich richtig? Dann kreuze die Aussage an.*

(!) *<u>Achtung</u>: Du darfst jetzt nicht mehr im Text nachlesen!*

Knicke das Blatt entlang dieser Linie nach hinten.

Richtig 

1	Die Eltern wollten wieder einmal ein „langes Wochenende" genießen.	
2	Sie wollten Mamas Onkel besuchen.	
3	Onkel Sven und Tante Ulrike unternahmen immer interessante Ausflüge.	
4	450 km lagen vor uns mit wenig Verkehr.	
5	Tante Ulrike begrüßte uns an der Tür.	
6	Gegen Mittag starten sie zum Lummelsee.	
7	Auf dem Parkplatz standen schon viele Busse und eine Menge aufgeputzter Motorräder.	
8	Der Mummelsee ist ein sagenumwobenes Gewässer.	
9	Heute traut sich in der Dämmerung und tagsüber kein Mensch in die Nähe des Sees.	
10	Onkel Sven konnte eine Menge grausiger Geschichten erzählen.	

KOHL VERLAG
Wir werden Leseprofi / Klasse 5 – Bestell-Nr. 16 765
Fit durch Lesetraining!

18 Der Mummelsee

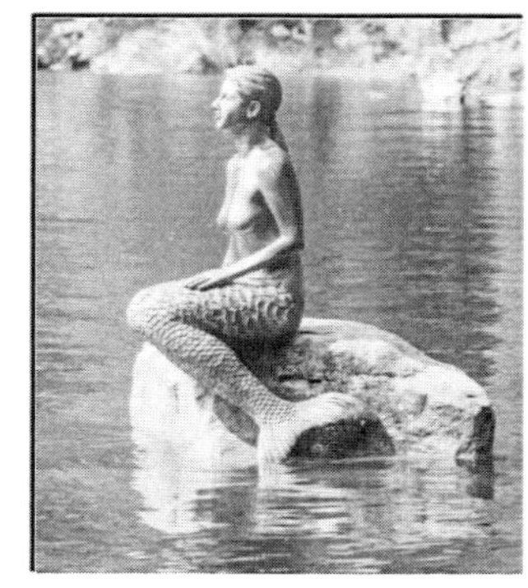

2. Lernschritt

➔ *Beantworte die folgenden Fragen zum Lesetext sinngemäß.*

➔ *Schreibe in vollständigen Sätzen.*

a) Was wollten die Eltern wieder einmal genießen?

____

____

b) Was machten Tante Ulrike und Onkel Sven oft mit uns, wenn wir sie besuchen?

____

____

c) Wo kamen wir um elf Uhr an? ______________________

____

____

d) Was gab es, nachdem Onkel Sven uns an der Tür begrüßt hatte? ____________

____

e) Wie war die Situation auf dem Parkplatz des Mummelsees? ____________

____

f) Wer soll in dem sagenumwobenen Gewässers des Mummelsees sein Unwesen getrieben haben?

____

____

g) Was konnte uns der Onkel über den Mummelsee alles erzählen? ____________

____

Zusatzaufgabe

Kennt ihr ähnliche Orte, um die sich Sagen und dunkle Gerüchte drehen? Tauscht euch untereinander aus.

19 Die wilde Fledermaus

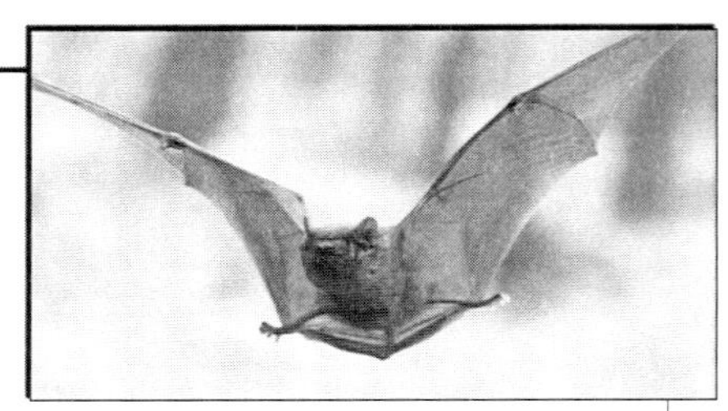

Es war an einem Montagmorgen, als Lydia ganz aufgeregt in die Schule kam und uns ihr Erlebnis vom Freitagabend erzählen wollte. Sie hat die Gabe, auch nichtssagende Dinge voller Dramatik wiederzugeben. Diesmal jedoch hatte sie auch allen Grund dazu. Es war ein warmer Sommerabend, als sie an diesem Freitag gegen 22 Uhr vor der Glotze saß. Sie lauschte dem Hip-Hop im Lieblingssender Viva, als plötzlich ein dunkler Schatten an ihr vorbei flog. Das jagte ihr einen panischen Schrecken ein. Sie stieß einen Schrei aus. Was sollte sie tun? Ihre Eltern waren nicht zu Hause, sie war allein! Mit irrer Geschwindigkeit flog etwas durch das Wohnzimmer. Im Halbdunkel konnte sie kaum etwas erkennen. Sie musste sich beruhigen, denn sie wollte erkennen, was sie so in Panik versetzte. Plötzlich erkannte sie, dass es sich um eine Fledermaus handelte, die oben an der Decke ihre wahnsinnig schnellen Kreise flog. Lydia rannte ins Badezimmer, holte ein großes Handtuch und wollte das Tier damit hinausdrängen. Doch dann fiel ihr der Biologieunterricht ein! Die Fledermaus konnte sie ja gar nicht sehen, sie bewegen sich nach dem Prinzip der Echopeilung durch geschlossene Räume und stoßen trotz ihrer enormen Schnelligkeit nie irgendwo an. Nachdem sich Lydia wieder etwas beruhigt hatte, löschte sie alle Lichter und machte die Doppeltür zur Terrasse ganz weit auf. Nach einigen Minuten fand die Fledermaus wieder den Ausgang und verschwand in der dunklen Nacht.

233 Wörter

1. Lernschritt

➔ *Lies die folgenden Sätze aufmerksam durch.*
➔ *Ist die Aussage inhaltlich richtig? Dann kreuze die Aussage an.*

(!) *Achtung: Du darfst jetzt nicht mehr im Text nachlesen!*

Knicke das Blatt entlang dieser Linie nach hinten.

Richtig 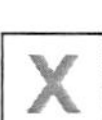

1	An einem Montagmorgen wollte Silvia uns ihr Erlebnis vom Samstagabend erzählen.	
2	Sie hatte die Gabe, alles voller Dramatik wiederzugeben.	
3	Sie saß vor der Glotz und schaute Viva.	
4	Ein dunkler Schatten jagte ihr einen panischen Schrecken ein.	
5	Sie war alleine zu Hause.	
6	Sie musste sich beruhigen, da sie erkennen wollte, was da durch das Zimmer flog.	
7	Es war eine Nachtigall.	
8	Mit einem Besen wollte sie das Tier hinausdrängen.	
9	Lydia öffnete die Kellertür.	
10	Die Fledermaus fand den Ausgang und verschwand in der dunklen Nacht.	

19 Die wilde Fledermaus

2. Lernschritt

➔ *Beantworte die folgenden Fragen zum Lesetext sinngemäß.*

➔ *Schreibe in vollständigen Sätzen.*

a) Welche Gabe hat Lydia? ______________________________

____

b) Was machte Lydia am Freitagabend gegen 22 Uhr? ______________________________

____

____

c) Was jagte Lydia einen irren Schrecken ein? ______________________________

____

d) Was tat dieses „Etwas"? ______________________________

____

e) Wieso musste sich Lydia beruhigen? ______________________________

____

f) Was hatte Lydia im Biologieunterricht gelernt? ______________________________

____

____

g) Was machte die Fledermaus nach einigen Minuten? ______________________________

____

____

Zusatzaufgabe

Wurdet ihr schon einmal von etwas derart erschreckt wie Lydia von der Fledermaus? Berichtet von euren Erlebnissen.

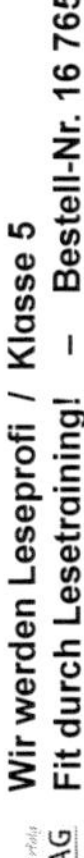

Wir werden Leseprofi / Klasse 5 – Bestell-Nr. 16 765
Fit durch Lesetraining!

20 Mein Kater Mikesch

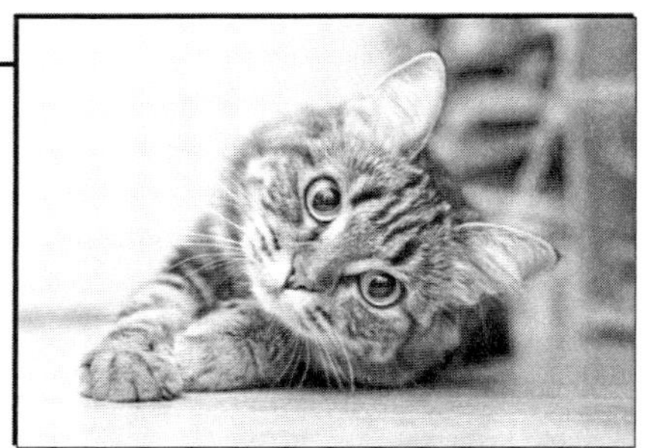

Zu meinem 10. Geburtstag erfüllte mir meine Mama meinen sehnlichsten Wunsch und schenkte mir eine Katze. Dabei, wie ich erst etwas später erfuhr, war es gar keine Katze, sondern ein Kater. Ich gab ihm den Namen Mikesch. Ich hatte mir vorher wochenlang alle möglichen Katzennamen ausgedacht, ich wollte sie Flori, Katzi oder Susi nennen. Heute denke ich, das sind total bescheuerte Namen für eine Katze. Jetzt also hieß sie – nein er – Mikesch. Mittlerweile weiß ich, dass ich einen sehr individuellen Kater habe. Einen Kater, der so viele ungewöhnliche Eigenarten besitzt, wie man sich nur vorstellen kann. Er liebt zum Beispiel Wasser über alles. Sobald irgendwo in der Wohnung ein Wasserhahn aufgedreht wird, springt er sofort ins Becken, in die Badewanne oder sogar in die Toilette und ‚greift' mit seinen Pfoten nach den einzelnen Tropfen und verreibt sie dann in seinem Gesicht. Wenn ich dusche, steckt er seinen Kopf ganz vorsichtig unter dem Duschvorhang durch und lässt sich dann auch ‚beregnen'. Wenn Mikesch sich wohl fühlt, schlägt er Purzelbäume, springt plötzlich hoch in die Luft und rennt wie ein Verrückter durch die Wohnung. Er ist unheimlich lieb. Trotzdem habe ich immer neue Kratzspuren an Armen und Beinen, weil er plötzlich, wenn er auf meinem Schoß liegt, die Krallen ausfährt und dann abspringt. In meinem Bett darf er aber nicht schlafen, meine Mama sprach von Hygiene und davon, dass ich dann nicht richtig schlafen könne. Mikesch und ich, wir sind ein tolles Team.

244 Wörter

1. Lernschritt

➔ *Lies die folgenden Sätze aufmerksam durch.*
➔ *Ist die Aussage inhaltlich richtig? Dann kreuze die Aussage an.*

(!) *Achtung: Du darfst jetzt nicht mehr im Text nachlesen!*

Knicke das Blatt entlang dieser Linie nach hinten.

Richtig 

1	Zu meinem 12. Geburtstag erfüllte sich mein sehnlichster Wunsch.	
2	Meine Katze war, wie ich später erfuhr, ein Kater.	
3	Meinen Kater nannte ich Mipesch.	
4	Mein Kater besitzt viele ungewöhnliche Eigenarten.	
5	Mein Kater liebt Schokolade über alles.	
6	Wenn ich dusche, steckt mein Kater seinen Kopf unter dem Duschvorhang hindurch.	
7	Fühlt Mikesch sich wohl, schlägt er Purzelbäume.	
8	Die Kratzspuren an meinen Armen sind von der blöden Nachbarskatze.	
9	Mikesch darf immer in meinem Bett schlafen.	
10	Mikesch und ich sind ein tolles Team.	

KOHL VERLAG
Wir werden Leseprofi / Klasse 5 – Bestell-Nr. 16 765
Fit durch Lesetraining!

20 Mein Kater Mikesch

2. Lernschritt

➔ *Beantworte die folgenden Fragen zum Lesetext sinngemäß.*

➔ *Schreibe in vollständigen Sätzen.*

a) Wie wollte ich meine Katze früher nennen? ______________________

____

b) Was besitzt mein Kater besonderes? ______________________

____

c) Was passiert, wenn irgendwo in der Wohnung ein Wasserhahn aufgedreht wird?

____

____

d) Wie rennt Mikesch durch die Wohnung? ______________________

____

____

e) Wieso habe ich immer neue Kratzspuren an meinen Armen? ______________________

____

____

f) Wieso darf Mikesch nicht in meinem Bett schlafen? ______________________

____

____

g) Was sind Mikesch und ich? ______________________

____

Zusatzaufgabe

Haustiere bedeuten jede Menge Spaß, aber auch Verantwortung! Habt ihr ein Haustier und tragt ihr dafür auch die Verantwortung? Was gehört alles zu den täglichen Pflichten?

Wir werden Leseprofi / Klasse 5 – Bestell-Nr. 16 765
Fit durch Lesetraining!

21 Der weiße Schrank

Als meine Großmutter starb, mussten wir ihre Wohnung leerräumen. Die meisten Sachen wurden entsorgt, denn keiner wollte etwas davon haben. Nur meine Eltern nahmen sich einen großen, weißen Kleiderschrank. Der kam in den Keller, wechselweise wurden dort die Sommer- oder Winterklamotten untergebracht. Irgendwann landete dieser Schrank dann bei uns im Keller. Als wir dann einige Jahre später selbst gebaut hatten, konnten wir ihn in das neue Haus nicht mitnehmen, unser Keller war für die Größe des Schrankes nicht geeignet. Also stellten wir ihn zum Sperrmüll, komplett, wir konnten ihn nicht auseinandernehmen. Kaum stand er draußen, kam ein älterer Mann mit Spazierstock vorbei, musterte kurz unseren Schrank und fragte: „Kann ich mir dieses Riesenteil mitnehmen?“ Wir waren froh, ihn los zu sein und fünf Minuten später kam ein kleiner Transporter angefahren, zwei Männer luden den Schrank auf und wir vergaßen ihn ganz schnell. Drei Monate später klingelte es abends an der Haustür und dieser ältere Mann stand fröhlich lächelnd vor uns und fragte, ob er kurz hereinkommen dürfe. Drinnen erzählte er uns diese Geschichte. „Ich muss mich vorstellen, mein Name ist Hähnlein, ich bin Antiquitätenhändler. Als ich Ihren Schrank sah, vermutete ich sofort, dass er etwas Besonderes war. Ich habe ihn in meiner Werkstatt bearbeitet, den weißen Lack abgebeizt, kleine Blessuren ausgebessert und repariert. Dann stand er da, aus feinstem indischen Mahagoniholz gearbeitet. Ein Prachtstück. Ich habe ihn sehr gut verkaufen können und wollte Ihnen hier Ihren Anteil bringen.“ Er legte uns 1000,- € auf den Tisch und verabschiedete sich freundlich.

253 Wörter

1. Lernschritt

➔ *Lies die folgenden Sätze aufmerksam durch.*
➔ *Ist die Aussage inhaltlich richtig? Dann kreuze die Aussage an.*

(!) *<u>Achtung</u>: Du darfst jetzt nicht mehr im Text nachlesen!*

- -

Knicke das Blatt entlang dieser Linie nach hinten.

Richtig 

1	Als meine Großmutter starb, mussten wir ihre Wohnung leerräumen.	
2	Die meisten Sachen wurden in der Verwandtschaft verteilt.	
3	Im großen Kleiderschrank, der in den Keller kam, wurden unsere Konservendosen aufbewahrt.	
4	Als wir selbst gebaut hatten konnten wir den Schrank nicht mit in unser neues Haus nehmen.	
5	Weil wir den Schrank nicht mitnehmen konnten, zerschlugen wir ihn und warfen ihn in einen großen Container.	
6	Ein älterer Mann nahm den Schrank mit und wir vergaßen ihn schnell.	
7	Als es drei Monate später klingelte, stand der Pfarrer vor der Tür.	
8	Der Mann stellte sich vor und erklärte, dass er Antiquitätenhändler war.	
9	Der Schrank war aus indischem Mahagoniholz gearbeitet.	
10	Er legte uns für den Schrank 1000,- € auf den Tisch.	

Wir werden Leseprofi / Klasse 5
Fit durch Lesetraining! – Bestell-Nr. 16 765
KOHL VERLAG

21 Der weiße Schrank

2. Lernschritt

➔ *Beantworte die folgenden Fragen zum Lesetext sinngemäß.*

➔ *Schreibe in vollständigen Sätzen.*

a) Was wurde mit den meisten Sachen gemacht, als meine Großmutter gestorben war?

____

____

b) Was wurde in dem großen weißen Kleiderschrank im Keller aufbewahrt?

____

____

c) Was fragte der ältere Mann, als er den Schrank für den Sperrmüll auf der Straße stehen sah? ______________________________

____

d) Welche Geschichte erzählte der Mann, als er drei Monate später bei uns vor der Haustür stand? ______________________________

____

____

e) Was legte er uns auf den Tisch, als er sich freundlich von uns verabschiedete?

____

f) Wieso konnte der Schrank nicht mit in das neu gebaute Haus genommen werden?

____

____

Zusatzaufgabe

Unverhofft zu Geld zu kommen ist immer eine wunderbare Sache. Seid ihr in eurer Familie schon einmal unverhofft zu etwas (egal ob Geld oder etwas anderes) gekommen, womit ihr nicht gerechnet hättet? Schreibt auf.

Wir werden Leseprofi / Klasse 5 – Bestell-Nr. 16 765
Fit durch Lesetraining!

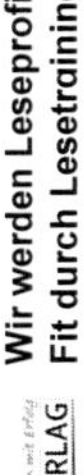

22 Das Nest in der Attika

Attika ist ein griechisches Wort für den Übergang vom obersten Geschoss eines Hauses zum Dach. An unserem Haus bestand die Attika aus zwei Holzbalken, die im Laufe der Jahre durch Wetter und Umwelt etwas gelitten hatten. Eines Tages entdeckten wir, dass immer häufiger ein Spatzenpaar aufgeregt um uns herumflog. Es hatte sich, wie mein Vater dann entdeckte, in einem kleinen Loch in einem der Balken einen Unterschlupf ausgesucht. Nun bemühte es sich jetzt mit großer Ausdauer, dort ein Nest zu bauen. Gräser, Strohhalme und kleine Zweige wurden herbeigeschafft und nach einiger Zeit war es geschafft – die Frau Spatz hatte Eier gelegt und, wie wir glaubten, beide Eltern brüteten jetzt den Nachwuchs aus. Nach einiger Zeit sahen wir die winzigen Schnäbelchen, die aus dem Nest lugten, um die von Vater und Mutter Spatz herbeigebrachten Leckereien zu genießen. Es war ein Piepen und Gezeter im und um das Nest, es schien, als würden die Kleinen nie satt werden. Eines Tages, meine Mutter wollte den Frühstückstisch auf der Veranda decken, entdeckte sie ein winziges Federbündel auf dem Boden, ganz still und, wie es schien, teilnahmslos da sitzen. Draußen flog sehr aufgeregt piepsend die Spatzenmutter hin und her und versuchte wohl, das aus dem Nest gefallene Kind zum Fliegen zu bewegen. Als wir alle, still und stumm, auf das kleine Wesen starrten, nahm meine Mutter ein Handtuch, hob das Spatzenjunge auf und setzte es auf die Verandabrüstung. Irgendwann pumpte es sich auf und sprang, nein es flog, bis auf die Erde und Mutter Spatz nahm es in ihre Obhut und war sichtlich froh, jetzt wieder alle Kinder vereint zu haben. 14 Tage später war das Nest leer, vielleicht wiederholt sich ja alles im nächsten Jahr.

286 Wörter

1. Lernschritt

➔ *Lies die folgenden Sätze aufmerksam durch.*
➔ *Ist die Aussage inhaltlich richtig? Dann kreuze die Aussage an.*

(!) *Achtung: Du darfst jetzt nicht mehr im Text nachlesen!*

Knicke das Blatt entlang dieser Linie nach hinten.

Richtig X

1	Attika ist ein griechisches Wort für den Übergang vom obersten Geschoss eines Hauses zum Dach.	
2	An unserem Haus bestand die Attika aus vier Holzlatten.	
3	Ein Spatzenpaar hatte sich in einem Loch in den Balken einen Unterschlupf gesucht.	
4	Nach einiger Zeit sahen wir aus dem Nest die riesigen Mäuler der kleinen Spatzen.	
5	Es war ein Gezeter und Piepen in und um das Nest.	
6	Als meine Mutter den Frühstückstisch auf der Veranda decken wollte, entdeckte sie ein winziges Federbündel auf dem Boden.	
7	ie Spatzenmutter interessierte sich nicht mehr für das kleine Spatzenkind.	
8	Meine Mutter nahm ein Handtuch und setzte das Spatzenkind auf die Verandabrüstung.	
9	Mutter Spatz nahm ihr Kind nach seinem Flugversuch wieder froh in ihre Obhut.	
10	Nach 14 Tagen war das Nest leer.	

22 Das Nest in der Attika

2. Lernschritt

➔ *Beantworte die folgenden Fragen zum Lesetext sinngemäß.*

➔ *Schreibe in vollständigen Sätzen.*

a) Was bedeutet Attika? ______________________________

____

b) Was entdeckten wir in einem der Balken? ______________________________

____

____

c) Was sahen wir nach einiger Zeit aus dem Nest schauen? ______________________________

____

____

d) Was entdeckte Mutter, als sie den Frühstückstisch deckte? ______________________________

____

____

e) Was nahm Mutter, um das Spatzenjunge aufzuheben? ______________________________

____

____

f) Was war 14 Tage später? ______________________________

____

g) Was könnte nächstes Jahr passieren? ______________________________

____

Zusatzaufgabe

Könnt ihr auch eine Geschichte erzählen, die von der Rettung eines Tieres erzählt? Ist euch schon einmal etwas vergleichbares passiert?

KOHL VERLAG Wir werden Leseprofi / Klasse 5 – Fit durch Lesetraining! – Bestell-Nr. 16 765

23 Dax oder Dachs

Es war Sonntagmorgen und die ganze Familie saß am Frühstückstisch, meine Eltern, meine Schwester Jutta und ich, Bernd. Mein Vater hat die Angewohnheit, jeden Sonntag entweder Jutta oder mir eine so genannte ‚Fangfrage' zu stellen, um unser Wissen zu testen. Diesmal war ich an der Reihe. „Na, Bernd, dann erkläre mir einmal, was ein Dax(chs) ist", begann Daddy sein Examen. Aber diesmal hatte er keine Chance. Denn ich wusste alles über den Dachs. Wir hatten in der Schule über unsere heimischen Raubtiere gesprochen. Ich hatte alles gut behalten. „Ok, Paps, du wirst dich wundern! Also: Der Europäische Dachs, lateinisch Meles, lebt meist als einsiedlerisches Nachttier. Er hat einen weißen Kopf und schwarze Längsstreifen. Die Nahrung besteht aus ...". Weiter kam ich nicht, denn Vater unterbrach mich und rief: „Das weiß doch jedes Kind, aber diesen Dachs meine ich nicht, sondern den Dax mit ‚D', ‚A', ‚X'." Plötzlich war es still. Wir schauten Vater alle verwundert an. Dax mit x – was sollte das wohl sein? „Seht ihr, jetzt lernt ihr wieder etwas Neues!", rief mein Vater und fuhr fort „Dax ist die Abkürzung für den Begriff ‚Deutscher Aktienindex'. In dieser Auflistung der 30 größten Industrieunternehmen Deutschlands kannst du jeden Tag im Wirtschaftsteil der Zeitung den Stand der einzelnen Aktien lesen. Diese Bewertung richtet sich nach Erfolg oder Misserfolg der aufgeführten Firmen, nach Kauf und Verkauf ihrer speziellen Aktie an der Deutschen Börse in Frankfurt, selbst die geschäftlichen Aussichten und Prognosen werden bewertet. Dieser Aktienkurs schwankt oft von Tag zu Tag und lockt die Aktienbesitzer zu Kauf oder Verkauf. Ein höchst interessantes Thema." Wir merkten wieder einmal, unser Vater hatte wirklich auf vielen Gebieten ein großes Wissen. Aber von so einem Schlaumeier hatten wir wieder einmal etwas Neues gelernt.

292 Wörter

1. Lernschritt

➔ *Lies die folgenden Sätze aufmerksam durch.*

➔ *Ist die Aussage inhaltlich richtig? Dann kreuze die Aussage an.*

(!) *Achtung: Du darfst jetzt nicht mehr im Text nachlesen!*

Knicke das Blatt entlang dieser Linie nach hinten.

Richtig 

1	Wir saßen am Mittagstisch.	
2	Mein Vater hatte die Angewohnheit, uns jeden Sonntag eine Fangfrage zu stellen.	
3	Diesmal war meine Schwester Jutta an der Reihe.	
4	Vater wollte alles über den DAX wissen.	
5	Vom Dachs hatte ich keine Ahnung, weil wir ihn in der Schule erst in einer Woche durchnehmen wollten.	
6	Dax ist die Abkürzung für den Begriff ‚Deutscher Aktienindex`.	
7	Man kann in der Zeitung jeden Tag Nachrichten über die verschiedensten Tiere lesen.	
8	Beim DAX werden sogar die geschäftlichen Aussichten und Prognosen bewertet.	
9	Vater findet, das sei ein sehr langweiliges Thema.	
10	Unser Vater hatte auf vielen Gebieten ein recht kleines Wissen.	

23

Dax oder Dachs

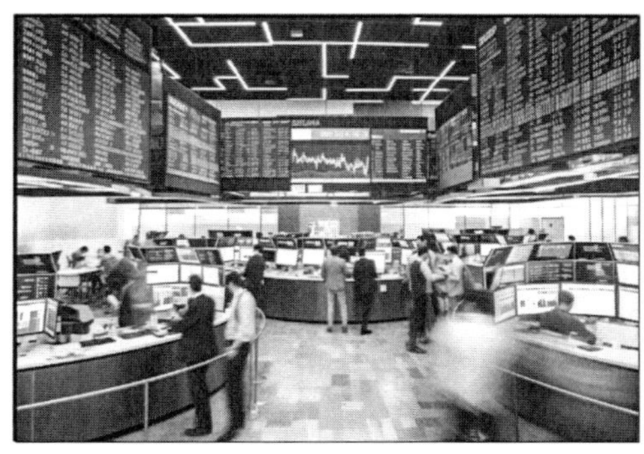

2. Lernschritt

➔ *Beantworte diese Fragen zum Lesetext sinngemäß.*

➔ *Schreibe in vollständigen Sätzen.*

a) Wo saß die ganze Familie am Sonntagmorgen?

b) Wer war diesmal an der Reihe die Fangfrage des Vaters zu beantworten?

c) Was glaubte ich diesmal, als Vater mir seine Fangfrage stellte?

d) Wieso unterbricht Vater und was meint er eigentlich?

e) Für was steht die Abkürzung „DAX“?

f) Wonach richtet sich die Bewertung des DAX?

g) Was merkten wir wieder einmal über unseren Vater?

Zusatzaufgabe

Erkläre nochmals mit eigenen Worten, was der Begriff DAX bedeutet. Forsche notfalls im Internet oder in Lexika nach.

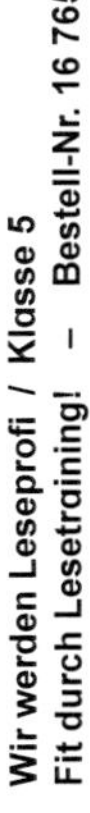

24 Strandurlaub – all inklusive

Im Sommer in den großen Ferien fahre ich immer 14 Tage mit meiner Oma und meinem Opa in Urlaub. Wir waren schon bei meiner Tante Petra in Italien in der Nähe von Venedig gewesen. Wir waren am Lago Maggiore, auf der Nordseeinsel Amrum und in Travemünde. Leider hatten wir meistens schlechtes Wetter, oft Regen, so dass wir nicht viel unternehmen konnten. Ich musste meine Oma immer antreiben, trotzdem mit mir ins kalte Wasser zu gehen, da ich so unheimlich gern schwimme. Im letzten Jahr nun flogen wir nach Gran Canaria. Das ist eine der sechs Kanarischen Inseln westlich von Afrika. Nach mehr als vier Stunden Flug kamen wir auf der Insel an und ein Bus brachte uns in unser Hotel in Maspalomas, so heißt der kleine Ort, an dessen Rand unser Hotel lag. Die große Empfangshalle gefiel mir sofort gut – viele Blumen, riesige Sessel und vier Leute an der Rezeption, die in allen Sprachen Fragen beantworteten. Ein Page ging mit uns in unseren Bungalow, den wir jetzt 14 Tage lang bewohnen sollten. Ich hatte ein eigenes Zimmer mit eigener Dusche. Aber das Tollste kam dann, als mein Opa mir erklärte, dass ich während des ganzen Tages überall im Hotel, an den fünf Pools, an den Strandhäuschen oder im eigentlichen Restaurant so viel essen und trinken könne, wir ich möchte: Eis essen, Getränke schlürfen, Kuchen holen – egal was. Meine Großeltern hatten nämlich ‚all inclusiv' gebucht, das heißt, alles, auch die Getränke und Speisen, war schon vorher bezahlt. In den ersten zwei Tagen habe ich das dann auch weidlich ausgenutzt, doch dann aß und trank man auch nicht mehr, als man normalerweise aß und trank. Wir haben herrliche Strandwanderungen gemacht und nachmittags immer am Pool gelegen. Es war ein sehr schöner Urlaub!

293 Wörter

1. Lernschritt

➔ *Lies die folgenden Sätze aufmerksam durch.*

➔ *Ist die Aussage inhaltlich richtig? Dann kreuze die Aussage an.*

(!) *<u>Achtung</u>: Du darfst jetzt nicht mehr im Text nachlesen!*

- -

Knicke das Blatt entlang dieser Linie nach hinten.

Richtig 

1	In Winter fahre ich immer mit Oma und Opa in den Urlaub.	
2	Wir waren schon am Lago Maggiore und in Venedig.	
3	Wir hatten immer fantastisches Wetter in unseren Urlauben.	
4	Da ich unheimlich gerne schwimme, trieb ich meine Oma an mit mir ins warme Wasser zu gehen.	
5	Wir flogen im letzten Jahr auf Gran Canaria, eine Insel westlich von Afrika.	
6	In unserem Bungalow musste ich auf dem Sofa im Wohnbereich schlafen.	
7	Das Tollste war, dass ich während des ganzen Tages im Hotel so viel essen und trinken konnte wie ich wollte.	
8	Meine Großeltern hatten Halbpension gebucht.	
9	Während des Urlaubs haben wir herrliche Strandwanderungen gemacht.	
10	Es war ein sehr schöner Urlaub gewesen.	

24 Strandurlaub – all inklusive

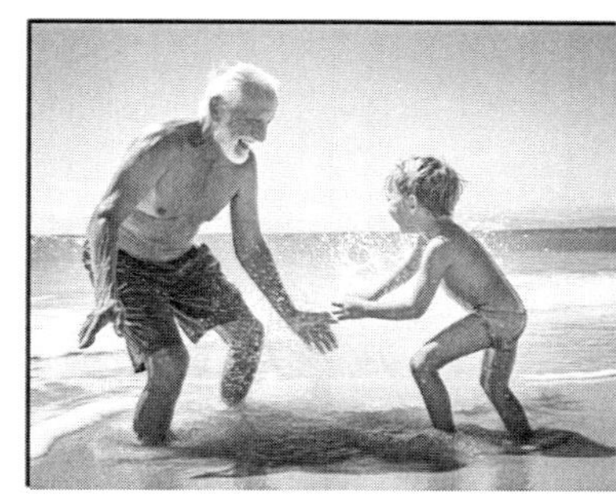

2. Lernschritt

➔ *Beantworte die folgenden Fragen zum Lesetext sinngemäß.*

➔ *Schreibe in vollständigen Sätzen.*

a) Was hatten wir meistens, wenn ich mit meinen Großeltern in den Urlaub fuhr?

____

b) Wozu musste ich meine Oma immer antreiben, weil ich gerne schwimme?

____

____

c) Was ist Gran Canaria? ______________________________

____

d) Was gefiel mir am Hotel sofort gut? ______________________

____

____

e) Was bedeutete ‚all inklusive'? __________________________

____

____

f) Was tat ich, nachdem ich in den ersten zwei Tagen das ‚all inklusive' Angebot weidlich ausgenutzt hatte?

____

____

Zusatzaufgabe

Begriffe wie „all inclusive" oder „last minute" kommen aus dem Englischen und gehören mittlerweile zu unserem täglichen Sprachgebrauch. Findet ihr es daher wichtig, die englische Sprache gut zu beherrschen oder reicht es auch aus, wenn man die Bedeutung der Begriffe kennt? Diskutiert in der Gruppe darüber.

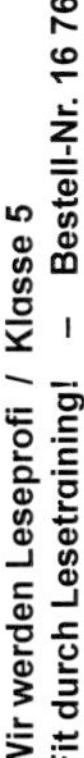

25 Der Entdecker James Cook

James Cook ist ein Name, den man sicherlich irgendwo schon einmal gehört hat. Er gehörte zu einem der größten Entdecker der letzten Jahrhunderte. Er veränderte wie kaum jemand anderer durch seine Reisen die Landkarten der damaligen Zeit. James Cook wurde 1728 im Vereinigten Königreich geboren. Schnell stieg der junge wissbegierige Sohn eines Tagelöhners zu einem erfolgreichen, erfahrenen und großen Seefahrer auf. Seine seemännischen Fähigkeiten erregten so viel Aufsehen, dass das britische Königshaus sich für den wagemutigen Mann zu interessieren begann. Cook bekam von der britischen Krone den Auftrag, auf Entdeckungsfahrt zu gehen. Auf insgesamt drei Reisen umsegelte James Cook dann mehrmals die Welt, erforschte von Tahiti bis Sibirien den Pazifik, entdeckte und kartographierte dabei zahlreiche Küsten und überquerte als erster Europäer den Polarkreis. Überall wurden Buchten, Meeresstraßen und Inseln nach ihm benannt. Während seiner Fahrten entwickelte er nicht nur erfolgreiche Maßnahmen gegen die damals übliche Seemannskrankheit Skorbut, die durch Vitamin-C-Mangel ausgelöst wird. Cook und seine Besatzung waren auch die ersten Europäer, die an der ostaustralischen Küste waren und dort neue Pflanzen und Tiere wie z.B. „riesige Hasen" entdeckten. Cook war es auch, der Australien für die britische Krone in Besitz nahm. Der große Entdecker James Cook starb schließlich 1779 auf der Insel Hawaii.

203 Wörter

1. Lernschritt

→ *Lies die folgenden Sätze aufmerksam durch.*
→ *Ist die Aussage inhaltlich richtig? Dann kreuze die Aussage an.*

(!) *Achtung: Du darfst jetzt nicht mehr im Text nachlesen!*

Knicke das Blatt entlang dieser Linie nach hinten.

Richtig X

Nr.	Aussage	Richtig
1	James Cook ist einer der unbekanntesten Entdecker unserer Zeit.	
2	James Cook wurde 1728 im Vereinten Königreich geboren.	
3	Schnell stieg der junge Mann zu einem erfolgreichen Kaufmann auf.	
4	Das britische Könighaus begann, sich für den Seefahrer zu interessieren.	
5	Cook bekam von der britischen Krone den Auftrag, auf Entdeckungsfahrt zu gehen.	
6	James Cook umsegelte mehrmals die Welt und überquerte als erster Europäer den Polarkreis.	
7	Während einer dieser Fahrten erkrankte Cook an Skorbut.	
8	An der ostaustralischen Küste entdeckten sie neue Pflanzen und Tiere.	
9	Cook war es auch, der Indien für die britische Krone in Besitz nahm.	
10	James Cook starb schließlich 1779 auf der Insel Hawaii.	

25 Der Entdecker James Cook

2. Lernschritt

➔ *Beantworte die folgenden Fragen zum Lesetext sinngemäß.*

➔ *Schreibe in vollständigen Sätzen.*

a) Wann und wo wurde James Cook geboren? ____________________

____

b) Welchen beruflichen Weg schlug Cook ein? Mit welchem Erfolg? ____________

____

c) Wer wurde auf den aufstrebenden Seefahrer aufmerksam?

____

____

d) Welchen Auftrag bekam James Cook von der britischen Krone? ____________

____

e) Wohin führten die Reisen den Entdecker James Cook? ____________

____

____

f) Cook machte sich auch in der Medizin einen Namen – womit? ____________

____

g) Was entdeckten Cook und seine Mannschaft an der ostaustralischen Küste?

____

____

h) Wann und an welchem Ort starb der große Entdecker James Cook schließlich?

____

____

KOHL VERLAG Wir werden Leseprofi / Klasse 5 – Fit durch Lesetraining! – Bestell-Nr. 16 765

26 Menschenaffen

In den riesigen Regenwäldern dieser Erde haben verschiedene Menschenaffen ihr Zuhause. Der größte Menschenaffe unter ihnen ist der afrikanische Gorilla. Kräftige Tiere erreichen bis zu zwei Meter Körpergröße. Die dunklen Riesen werden bis zu 40 Jahre alt. Gorillas leben in großen Gruppen zusammen, die stets von einem älteren, erfahrenen Männchen angeführt werden. Dieses Tier nennt man wegen seines ergrauten Fells auch „Silberrücken". Gorillas sind in der Regel friedlich. Sie sind Pflanzenfresser und gute Kletterer. Sie werden in manchen Regionen von den Menschen erbarmungslos gejagt.

Auch Schimpansen leben auf dem afrikanischen Kontinent. Manche werden nur einen Meter groß, manche aber durchaus so groß wie erwachsene Menschen. Schimpansen erreichen ein stattliches Alter von 30 bis 40 Jahren. Die Tiere sind sehr geschickt und benutzen Steine zum Hämmern und Stöcke zum Graben. So gelangen sie leicht an ihre Nahrung: Hauptsächlich fressen sie Früchte, Nüsse und Blätter, aber auch schmackhafte Insekten und manchmal stehen sogar kleine Affen auf ihrem Speiseplan.

Auf den asiatischen Inseln Sumatra und Borneo sind die rotbraunen Orang-Utans zuhause. Sie leben oft alleine, nur Mütter und ihre Jungtiere haben eine enge Bindung. Die gelenkigen Menschenaffen sind hervorragende Kletterer und leben auf hohen Bäumen. Dort finden sie ausreichend Früchte, Blätter und Rinden zu Fressen. Auch Insekten und Vogeleier mögen sie. Orang-Utans werden bis zu eineinhalb Meter groß und 40 Jahre alt.

219 Wörter

1. Lernschritt

➔ *Lies die folgenden Sätze aufmerksam durch.*

➔ *Ist die Aussage inhaltlich richtig? Dann kreuze die Aussage an.*

(!) *Achtung: Du darfst jetzt nicht mehr im Text nachlesen!*

- -

Knicke das Blatt entlang dieser Linie nach hinten.

Richtig 

Nr.	Aussage	Richtig
1	Menschenaffen leben in den riesigen Regenwäldern der Erde.	
2	Der stärkste Menschenaffe unter ihnen ist der amerikanische Gorilla.	
3	Gorillas sind Einzelgänger, die stets auf der Jagd nach anderen Tieren sind.	
4	Gorillas werden in manchen Regionen von den Menschen erbarmungslos gejagt.	
5	Auf dem afrikanischen Kontinent sind auch die Schimpansen zuhause.	
6	Schimpansen erreichen ein stattliches Alter von 50 bis 60 Jahren.	
7	Hauptsächlich fressen Schimpansen Früchte, Nüsse und Blätter.	
8	Auf den asiatischen Inseln Sumatra und Borneo sind die rotbraunen Orang-Utans zunhause.	
9	Orang-Utans sind absolute Herdentiere, die große Familien bilden.	
10	Orang-Utans ernähren sich ausschließlich von frisch gefangenem Fisch.	

Wir werden Leseprofi / Klasse 5 – Bestell-Nr. 16 765
Fit durch Lesetraining!
KOHL VERLAG

26 Menschenaffen

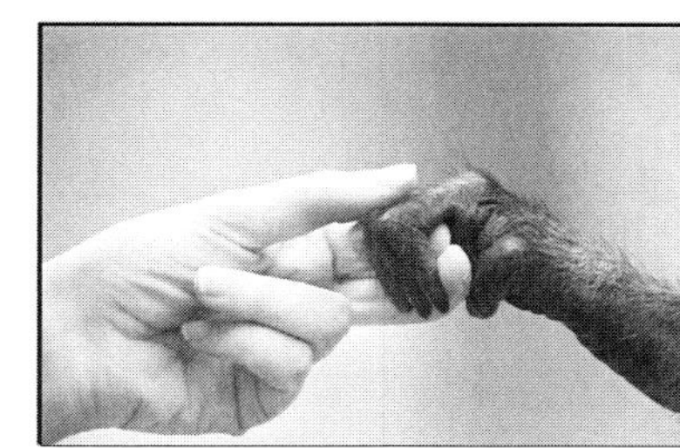

2. Lernschritt

➔ *Beantworte die folgenden Fragen zum Lesetext sinngemäß.*

➔ *Schreibe in vollständigen Sätzen.*

a) In welcher Klimazone leben die Menschenaffen der Erde? ____________________

____

b) Welche Art ist die größte unter den Menschenaffen und wie groß werden die Tiere?

____

____

c) Wer ist der sogenannte „Silberrücken“? ____________________

____

____

d) Auf welchem Kontinent leben die Schimpansen? ____________________

____

e) Was benutzen Gorillas zum Freilegen ihrer Nahrung? ____________________

____

f) Wo leben die Orang-Utans und welche Farbe hat ihr Fell? ____________________

____

____

g) In welchem Teil des Regenwaldes halten sich Orang-Utans vorwiegend auf?

____

h) Wovon ernähren sich Orang-Utans? ____________________

____

____

KOHL VERLAG Wir werden Leseprofi / Klasse 5 Fit durch Lesetraining! – Bestell-Nr. 16 765

27 Des Kaisers neue Kleider *(Hans Christian Andersen)*

Es war einmal ein Kaiser, der wollte nur die schönsten Kleider besitzen und sich darin seinem Volk zeigen. Eines Tages kamen zwei Betrüger in die Stadt. Sie versprachen dem Kaiser ganz besondere Kleider. Menschen, die dumm oder nicht gut genug für ihr Amt waren, sollten diese Kleider nicht sehen können. Der Kaiser glaubte den Betrügern und war begeistert von der Idee. Er gab ihnen viel Geld. Sie stellten zwei Webstühle auf und taten so, als würde sie arbeiten. In Wahrheit aber taten sie gar nichts. Der Kaiser schickte einen Minister zu den Betrügern. Die erzählten ihm, wie toll die Kleider schon seien. Sie zeigten in die Luft und erklärten die Muster auf dem Stoff. Der Minister konnte natürlich nichts sehen. Das behielt er aber für sich. Er lobte die Kleider und berichtete dem Kaiser von der tollen Arbeit. Die Betrüger verlangten nimmer mehr Geld und steckten sich alles in ihre eigene Tasche. So kam es, dass der Kaiser seine neuen Kleider bei einem großen Festumzug tragen wollte. Er legte seine Kleider ab und ließ sich von den Betrügern in die neuen Kleider hineinhelfen. Er betrachtete sich von allen Seiten vor dem Spiegel und alle waren begeistert. So trat der Kaiser schließlich vor sein Volk. Es traute sich keiner zu sagen, dass niemand die Kleider sehen konnte. Nur ein kleines Kind rief auf einmal: „Aber er hat ja nichts an!“ Und bald stimmte das ganze Volk mit ein. Trotzdem hielt der Kaiser den ganzen Festumzug durch, auch ohne seine neuen Kleider.

250 Wörter

1. Lernschritt

➔ *Lies die folgenden Sätze aufmerksam durch.*
➔ *Ist die Aussage inhaltlich richtig? Dann kreuze die Aussage an.*

(!) *<u>Achtung</u>: Du darfst jetzt nicht mehr im Text nachlesen!*

- -

Knicke das Blatt entlang dieser Linie nach hinten.

		Richtig X
1	Es war einmal ein König, der wollte nur die schönsten Kleider besitzen.	
2	Eines Tages kamen zwei Betrüger in die Stadt.	
3	Sie versprachen dem Kaiser ganz viel Gold und neues Weideland für Pferde.	
4	Menschen, die dumm oder nicht gut genug für ihr Amt waren, sollten diese Kleider nicht sehen können.	
5	Die Betrüger taten so, als ob sie Kleider nähen würden, aber in Wahrheit taten sie gar nichts.	
6	Der Kaiser war beeindruckt von der Schönheit der ersten fertigen Kleider.	
7	Die Betrüger verlangten immer mehr Geld und steckten sich alles selbst ein.	
8	Vor einem großen Festumzug legte der Kaiser seine eigenen Kleider ab und ließ sich in die neuen Kleider hineinhelfen.	
9	Alle lachten den Kaiser während des Umzuges lauthals aus.	
10	Ein kleines Kind rief: „Aber er hat ja gar nichts an!“	

KOHL VERLAG
Wir werden Leseprofi / Klasse 5 – Bestell-Nr. 16 765
Fit durch Lesetraining!

27 Des Kaisers neue Kleider *(Hans Christian Andersen)*

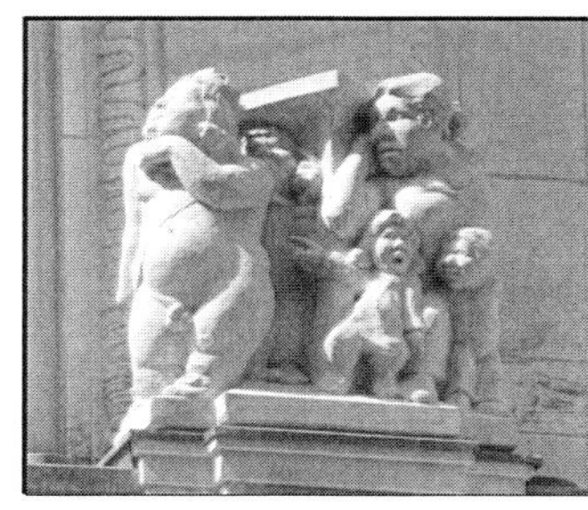
Darstellung des Märchens in der Brückenstraße in Köln

2. Lernschritt

➔ *Beantworte die folgenden Fragen zum Lesetext sinngemäß.*

➔ *Schreibe in vollständigen Sätzen.*

a) Welche Leidenschaft hatte der Kaiser einer Stadt?

____

b) Was versprachen die zwei Betrüger dem Kaiser? ____________________

____

____

c) Wie reagierte der Kaiser? ____________________

____

d) Was taten daraufhin die Betrüger? ____________________

____

____

e) Wie reagierte der gesandte Minister des Kaisers auf die Kleider? ____________________

____

____

f) Was hatte der Kaiser schließlich vor, als die Kleider „fertig waren“? ____________________

____

g) Was geschah, als der Kaiser mit seinen neuen Kleidern vor das Volk trat?

____

____

h) Wie reagierte der Kaiser, als das ganze Volk die Aussage des Kindes wiederholte?

____

____

KOHL VERLAG Wir werden Leseprofi / Klasse 5 Fit durch Lesetraining! – Bestell-Nr. 16 765

28 Die Lösungen

Richtig X

	1	2	3	4	5	6	7	8	9	10
1		X				X		X	X	
2			X				X	X		X
3			X	X		X	X	X	X	
4		X	X	X			X	X		
5		X		X		X		X		X
6			X	X		X		X		
7	X			X	X		X			
8		X		X	X		X		X	X
9		X			X		X			
10	X		X		X			X		X
11		X			X		X		X	
12		X			X		X			
13		X		X			X	X		X
14	X	X			X		X			
15	X	X			X	X		X		X
16			X	X	X			X		
17	X	X			X		X		X	X
18	X		X				X	X		X
19		X	X	X	X	X				X
20		X		X		X	X			X
21	X			X		X		X	X	X
22	X		X		X	X		X	X	X
23		X		X		X		X		
24		X			X		X		X	X
25		X		X	X	X		X		X
26	X			X	X		X	X		
27		X		X	X		X	X		X

Die Lösungen

1 **a)** Bei uns in Deutschland sind Wölfe ausgestorben. **b)** Es gibt an der Grenze zu Polen aber schon wieder ein kleines Rudel Wölfe **c)** Der Wolf ist der Vorfahr aller Hunderassen. **d)** Sein Fell ist aber grau, oder selten weiß. **e)** Die Schäfer fürchteten um ihre Lämmer, weshalb er auch stark gejagt wurde. **f)** Die Menschen fürchteten den Wolf und haben ihn gejagt, bis es vor etwa 100 Jahren keine mehr gab. **g)** Der Wolf ist der Vorfahr aller Hunderassen. **g)** Ganz selten greift der Wolf einen Menschen an.

2 **a)** Tim befindet sich in einer gemütlichen Kleinstadt. **b)** Die letzten Kneipen haben längst geschlossen und ihre Gäste machen sich auf den Heimweg. **c)** Auch Tim geht durch die totenstillen Straßen nach Hause. **d)** Da tritt ein Fremder auf den einsamen Heimkehrer zu. **e)** „Haben Sie auf ihrem Weg einen Polizisten gesehen?“, will er wissen. **f)** Er seufzt erleichtert, weil Tim keinen Polizisten gesehen hat. **g)** E bittet Tim um seine Brieftasche.

3 **a)** Schon vor 2000 Jahren gab es die allerersten Fußballer. **b)** Die Spiele waren oft Teil von religiösen Feierlichkeiten. **c)** Man erfand die Fußballregeln in England, weshalb man England auch als die Wiege des modernen Fußballs bezeichnen kann. **d)** Man darf ihn nicht verletzen, das wäre ein grobes Foul. **e)** Beim Fußballspiel geht es darum, den Ball nur mit Hilfe der Füße oder des Kopfes in das gegnerische Tor zu befördern. **f)** Beim amerikanischen Football darf der Ball in die Hand genommen und der Gegner sogar umgerannt werden. **g)** Das Spiel wurde damals in China und Südamerika gespielt. **h)** Beim amerikanischen Football darf der Gegner sogar umgerannt werden.

4 **a)** „Sanfter Weg“ ist die Übersetzung für diese Sportart. **b)** Als Buddhisten wollten sie aber auf brutale Waffengewalt verzichten. **c)** Sie entwickelten eine Kunst, mit der sie einen bewaffneten Angreifer zu Fall bringen konnten. **d)** Es gibt eine Judoschule, die alle Griffe festlegt und mit chinesischen Namen belegt. **e)** Viele Mädchen und Frauen besuchen Judokurse, damit sie sich ohne Waffen vor zudringlichen Männern wehren können. **f)** An der Gürtelfarbe kann man den Ausbildungsstand eines Judokämpfers erkennen.

5 **a)** Hatte ein Knappe seine gefahrvolle und schwierige Ausbildungszeit überlebt, konnte er zum Ritter befördert werden. **b)** Nicht selten endete das Leben eines Knappen tragisch, denn er hatte die Verpflichtung, seinen Herrn im Kampf zu begleiten. **c)** Er musste sogar mutig eingreifen, wenn seinem Herrn tödliche Gefahr drohte. **d)** Hatte er aber seine militärischen Fähigkeiten voll entwickelt, konnte er mit 21 Jahren in der Schwertleite zum Ritter werden. **e)** Der Würdigste der Anwesenden band dem Knappen, der die Hände betend zum Himmel hob, das Schwert um. **f)** Auch ein Turnier fand statt, in dem der junge Ritter das erste Mal seinen Mut zeigen konnte. **g)** Dann wurde mit Musik und Tanz gefeiert. **h)** Hatte er aber seine militärischen Fähigkeiten voll entwickelt, konnte er mit 21 Jahren in der Schwertleite zum Ritter werden.

6 **a)** Unsere Vorfahren fürchteten sich, weil sie den giftigen Biss kennen gelernt hatten. **b)** Dass die Schlangen im Winter verschwinden und dann gehäutet wieder auftauchen, hieß für unsere Vorfahren, dass die Schlangen wiedergeboren werden können. **c)** In den Harry Potter-Büchern ist die Schlange ein Zeichen des Bösen. **d)** Menschen greift eine Schlange nur an, wenn sie sich bedroht fühlt. **e)** Schlangen gibt es schon über 100 Millionen Jahre auf diesem Planeten. **f)** Die Reste von Gliedmaßen kann man am Skelett von Riesenschlangen finden. **g)** Sie machen uns Angst und kaum jemand findet sie richtig kuschelig. **h)** Es gibt 2500 Schlangenarten.

7 **a)** Scheue Schlauberger sind diese Menschenaffen, die auf Sumatra oder Borneo leben. **b)** Orang-Utans gehören zu den Menschenaffen, wie Schimpansen und Gorillas. **c)** Die Weibchen bekommen in ihrem Leben höchstens drei Junge. **d)** In Verhalten und Körperbau sind sie uns ähnlich, denn vor etwa 11 Millionen Jahren hatten wir gemeinsame Vorfahren. **e)** Orang-Utans gelten als besonders intelligente Tiere. **f)** Ein Schimpanse würde ihn einem Artgenossen nachwerfen. **g)** Sie werden bis zu 40 Jahre alt. In Gefangenschaft werden Orang-Utans oft bis zu 50 Jahre alt. **h)** Der Orang-Utan würde warten, bis der Pfleger verschwunden ist, um dann das Käfigschloss zu knacken.

8 **a)** Im Mittelalter schützten Burgen den Burgherren und seine Untertanen. **b)** Im Innern der Burg befanden sich das Wohnhaus des Burgherrn, die Kapelle, Wirtschaftsgebäude, Ställe und Häuser der Untertanen. **c)** Im Falle einer Belagerung war der Brunnen überlebenswichtig. **d)** Das Tor wurde deshalb durch eine Zugbrücke oder ein Fallgitter geschützt. **e)** In der Decke über dem Toreingang waren Löcher eingelassen, durch die Steine abgeworfen werden konnten. **f)** Sogar mit heißem Wasser wurden die Eindringlinge überschüttet. **g)** Man baute diese Festungen in schwer zugängliches Gelände, auf hohe Felsen oder ins Wasser. **h)** Bei einer Belagerung galt das Torhaus als besonderer Schwachpunkt.

9 **a)** „Huch, ist die schnell!“ Recht hat sie, denn eine Schnecke ist zehnmal langsamer als das gepanzerte Urzeittier **b)** Seit Urzeiten leben Schildkröten auf der Erde, nämlich seit 225 Millionen Jahren. **c)** Sie haben also Eiszeiten und die Dinosaurier überlebt. **d)** Sie kann mit ihren besonderen Augenlinsen auch unter Wasser gut sehen. **e)** Sie leben auf allen Kontinenten, außer in der Antarktis. **f)** Die Körpertemperatur passt sich der Außentemperatur an. **g)** Sie müssen sich deshalb wenn es zu heiß oder zu kalt wird zur Sommer- oder Winterruhe verkriechen.

10 **a)** Sie ist eine nützliche Pflanze, weil man fast alles von ihr verwenden kann. **b)** Kinder lieben Kokospalmen, weil sie an ihnen hochklettern können. **c)** Ratten und Mäuse dürfen nicht nach oben gelangen. **d)** Weil ein Metallband um den Stamm gelegt wurde. **e)** Die Kokosmilch ist wässrig und sehr erfrischend. **f)** Man kann diese Früchte aber nicht nur essen, sondern auch Kerzen, Öl oder Seife daraus herstellen. **g)** Aus den Fasern, die rund um die Schalen sind, werden Matten geflochten. **h)** Aus den getrockneten Schalen werden Schüsseln hergestellt.

11 **a)** Im Technikunterricht haben die 5. Klassen Bumerangs hergestellt. **b)** Gleich heute Nachmittag will er mit Andreas die Wurftechnik üben. **c)** Sie treffen sich am Sportplatz, dort haben die beiden genügend Platz. **d)** Das hat ihnen Herr Schmidt gar nicht gezeigt. **e)** Das sind die Ureinwohner Australiens. **f)** Der Wind spielt auch noch eine Rolle. **g)** Der Bumerang kommt an diesem Tag noch nicht zu ihnen zurück, aber er beschreibt schon einen Halbkreis. **h)** Morgen wollen sie weiter üben.

12 **a)** Man kann sie für gewöhnlich fliegen oder mit dem Auto überwinden. **b)** Ich machte die Reise mit einem Skateboard, das von einem Lenkdrachen gezogen wurde. **c)** Das Board war extra lang und hatte breitere Reifen. **d)** Zum Schlafen legte ich mich einfach an den Straßenrand. **e)** Mein Drachen wurde von einer Windböe mitgerissen und ich gegen einen Baum geschleudert. **f)** Nur ein paar Schrammen und eine blutige Lippe kostete mich diese „Windeskapade“. **g)** Für die ganze Strecke brauchte ich nur 17 Tage. **h)** Ich erlebte auf diese Weise viel mehr als bei einer Reise mit dem Flugzeug.

28 Die Lösungen

13 **a)** Anfangs trugen sie nur Bergarbeiter und Cowboys. **b)** Jetzt ist sie eine Allerweltshose, die jeder trägt: Frau und Mann, Alt und Jung, Künstler und Sportler, Obdachloser und Modedesigner. **c)** Der Deutsche Levi Strauss wanderte 1847 in die USA ein und gründete die bekannteste Jeansfirma der Welt. **d)** 20000 km wird sie mit Lastwagen, Schiffen und Eisenbahnen transportiert. **e)** Die Rohstoffe stammen aus verschiedenen Ländern. **f)** Gesponnen wird das Garn in China, gewebt wird in Italien und China und genäht in Russland oder den Philippinen. **g)** Eine Hose verbraucht rund 8000 Liter Wasser, bis sie fertig gestellt ist.

14 **a)** Die Schule für alle Kinder, die „Volksschule", gibt es in Europa erst seit 200 Jahren. **b)** Lesen, Schreiben und Rechnen lernen war das Vorrecht von Kindern reicher Eltern. **c)** Ihnen wurde von den Müttern die Haushaltsführung beigebracht. **d)** In der Antike und im Mittelalter waren gebildete Frauen eine Ausnahme. **e)** In den Klöstern wurden manchmal besonders begabte Kinder aus bäuerlichen Familien unterrichtet. **f)** Sie erhalten keine Schulbildung, weshalb sie später oft für Hungerlöhne arbeiten müssen oder auf den Straßen herumlungern. **g)** Diese Kinder werden später auch nicht für mehr Rechte ihrer Kinder kämpfen können.

15 **a)** Alexander war der Sohn des makedonischen Königs Philipp II. **b)** Sein Traum war es, die Eroberungen fremder Länder, die König Philipp II. begonnen hatte, fortzuführen und ein riesiges Weltreich zu erschaffen. **c)** Sein Heer galt als unbezwingbar. **d)** Da Alexander als der tapferste und mutigste aller Krieger galt, gab man ihm den Beinamen Alexander der Große. **e)** In einem Gewaltmarsch zu Fuß über mehr als 20.000 km führte er seine Krieger bis nach Indien. **f)** Damit hatte er seinen Traum erfüllt und das größte Reich der damaligen Zeit geschaffen. **g)** Der König der Perser musste dadurch auch auf seine Macht verzichten.

16 **a)** Seit einer Woche lag ich meiner Mutter in den Ohren mit der Bitte, uns einen Pflaumenkuchen zu backen. **b)** Wir kauften auf dem Markt zwei Kilo Pflaumen, ein Päckchen Hefe und eine Flasche Sahne. **c)** Mutter musste noch einmal in die Stadt, sie hatte vergessen, beim Metzger den bestellten Braten abzuholen. **d)** „Nimm die Handschuhe, damit du dich nicht verbrennst." **e)** Es roch so komisch. Ein verbrannter Geruch kam aus der Küche! **f)** Es war schon über eine Stunde vergangen, seitdem meine Mutter weg war. **g)** Der Kuchen und die Pflaumen waren schwarz. **h)** Es brach ein Chaos aus, als Mutter zurückkam.

17 **a)** Französisch bei Dr. Happert, Spitzname 'Häppchen'. **b)** Wir bilden eine Planungsgruppe, bestehend aus vier Leuten – Ulla, Dieter, Elfi und Herbi", eigentlich Herbert, aber alle nennen mich Herbi. **c)** Die Finanzierung musste stimmen, ein Omnibus wurde bestellt, zwei Mütter sollten mitfahren und noch viel mehr. **d)** Die Kosten für jeden Schüler beliefen sich auf 489 €. **e)** Wir schrieben an vermeintliche Sponsoren, wie die Stadtsparkasse, an einen großen Baumarkt und an den Förderverein der Schule. **f)** Wir starteten unsere Klassenfahrt an einem Freitag morgen. **g)** Unser Sprachurlaub war einfach fantastisch.

18 **a)** Meine Eltern wollten wieder einmal eine 'langes Wochenende' genießen und mit uns allen zusammen wegfahren. **b)** Ich konnte meinen Onkel Sven und meine Tante Ulrike gut leiden, sie waren beide sehr lustig und unternahmen immer interessante Ausflüge mit uns. **c)** Zum Glück waren wir ganz früh losgefahren, daher kamen wir gut voran und waren um 11 Uhr in Achern, einer Kleinstadt in der schönen Ortenau. **d)** Onkel Sven begrüßte uns an der Tür, der Tisch war gedeckt und es gab eine zünftige Jause. **e)** Auf dem großen Parkplatz standen schon viele Busse und eine Menge aufgeputzter Motorräder. **f)** Elfen und Nixen sollen darin ihr Unwesen getrieben haben. **g)** Mein Onkel konnte uns eine ganze Menge grausiger Geschichten erzählen.

19 **a)** Sie hat die Gabe, auch nichts sagende Dinge voller Dramatik wiederzugeben. **b)** Es war ein warmer Sommerabend, als sie an diesem Freitag gegen 22 Uhr vor der Glotze saß und Viva schaute. **c)** Es flog plötzlich ein dunkler Schatten an ihr vorbei. **d)** Dieses „Etwas" flog mit irrer Geschwindigkeit durch das Wohnzimmer. **e)** Sie musste sich beruhigen, denn sie wollte erkennen, was sie so in Panik versetzte. **f)** Die Fledermaus konnte sie ja gar nicht sehen, sie bewegen sich nach dem Prinzip der Echopeilung durch geschlossene Räume und stoßen trotz ihrer enormen Schnelligkeit nie irgendwo an. **g)** Nach einigen Minuten fand die Fledermaus wieder den Ausgang und verschwand in der dunklen Nacht.

20 **a)** Ich wollte sie Flori, Katzi oder Susi nennen. **b)** Er besitzt viele ungewöhnliche Eigenarten, wie man sich nur vorstellen kann. **c)** Kater Mikesch springt sofort ins Becken, in die Badewanne oder in die Toilette und 'greift' mit seinen Pfoten nach den Tropfen und verreibt sie in seinem Gesicht. **d)** Er schlägt Purzelbäume, springt plötzlich hoch in die Luft und rennt wie ein Verrückter durch die Wohnung. **e)** Die Kratzspuren kommen daher, weil er plötzlich, wenn er auf meinem Schoß liegt, die Krallen ausfährt und dann abspringt. **f)** Wegen der Hygiene deswegen, dass ich dann nicht richtig schlafen kann. **g)** Mikesch und ich sind ein tolles Team.

21 **a)** Die meisten Sachen wurden entsorgt, denn keiner wollte etwas davon haben. **b)** Der kam in den Keller, wechselweise wurden dort die Sommer- oder Winterklamotten untergebracht. **c)** Kann ich mir dieses Riesenteil mitnehmen? **d)** Mein Name ist Hähnlein, ich bin Antiquitätenhändler. Als ich Ihren Schrank sah, vermutete ich sofort, dass er etwas Besonderes war. Ich habe ihn in meiner Werkstatt bearbeitet, den weißen Lack abgebeizt, kleine Blessuren ausgebessert und repariert. Dann stand er da, aus feinstem Indischem Mahagoniholz gearbeitet. Ein Prachtstück. **e)** Er legte uns 1000 € auf den Tisch und verabschiedete sich freundlich. **f)** Wir konnten ihn nicht in das neue Haus mitnehmen, da unser Keller für die Größe des Schrankes nicht geeignet war.

22 **a)** Attika ist ein griechisches Wort für den Übergang vom obersten Geschoss eines Hauses zum Dach. **b)** Wir entdeckten, dass immer häufiger ein Spatzenpaar aufgeregt um uns herum flog. Es hatte sich in einem kleinen Loch in einem der Balken einen Unterschlupf ausgesucht. **c)** Wir sahen die winzigen Schnäbelchen, die aus dem Nest lugten, um die herbeigebrachten Leckereien zu genießen. **d)** Eines Tages entdeckte meine Mutter ein winziges Federbündel auf dem Boden, ganz still und, wie es schien, teilnahmslos da sitzend. **e)** Sie nahm ein Handtuch und hob das Spatzenjunge auf. **f)** 14 Tage später war das Nest leer. **g)** Vielleicht wiederholt sich alles im nächsten Jahr.

23 **a)** Es war Sonntagmorgen und die ganze Familie saß am Frühstückstisch, meine Eltern, meine Schwester Jutta und ich, Bernd. **b)** Diesmal war ich an der Reihe. **c)** Aber diesmal hatte er keine Chance. Denn ich wusste alles über den Dachs. Wir hatten in der Schule über unsere heimischen Raubtiere gesprochen. **d)** Das weiß doch jedes Kind, aber diesen Dachs meine ich nicht, sondern den Dax mit 'D', 'A', 'X'. **e)** Dax ist die Abkürzung für den Begriff 'Deutscher Aktienindex'. **f)** Sie richtet sich nach Erfolg oder Misserfolg der aufgeführten Firmen und nach Kauf und Verkauf ihrer speziellen Aktie an der Deutschen Börse in Frankfurt. **g)** Wir merkten wieder einmal, unser Vater hatte wirklich auf vielen Gebieten ein großes Wissen.

24 **a)** Leider hatten wir meistens schlechtes Wetter, so dass wir nicht viel unternehmen konnten. **b)** Ich musste meine Oma immer antreiben, trotzdem mit mir ins kalte Wasser zu gehen. **c)** Das ist eine der sechs Kanarischen Inseln westlich von Afrika. **d)** Die große Empfangshalle gefiel mir sofort gut – viele Blumen, riesige Sessel und vier Leute an der Rezeption, die in allen Sprachen Fragen beantworteten. **e)** Das heißt, alles, auch die Getränke und Speisen, war schon vorher bezahlt. **f)** Ich aß und trank dann auch nicht mehr, als ich normalerweise auch tat.

KOHL VERLAG Wir werden Leseprofi / Klasse 5 – Fit durch Lesetraining! – Bestell-Nr. 16 765

Die Lösungen

25 **a)** James Cook wurde 1728 im Vereinigten Königreich geboren. **b)** Cook stieg schnell zu einem erfolgreichen, erfahrenen und großen Seefahrer auf. **c)** Seine seemännischen Fähigkeiten erregten so viel Aufsehen, dass das britische Königshaus sich für den wagemutigen Mann zu interessieren begann. **d)** Cook bekam von der britischen Krone den Auftrag, auf Entdeckungsfahrt zu gehen. **e)** Auf insgesamt drei Reisen umsegelte James Cook dann mehrmals die Welt, erforschte von Tahiti bis Sibirien den Pazifik und überquerte als erster Europäer den Polarkreis. **f)** Es gelang ihm, erfolgreiche Maßnahmen gegen die Seemannskrankheit Skorbut zu entwickeln. **g)** An der ostaustralischen Küste entdeckten sie neue Pflanzen und Tiere wie z.B. „riesige Hasen". **h)** Der große Entdecker James Cook starb schließlich 1779 auf der Insel Hawaii.

26 **a)** Die Menschenaffen der Erde leben in den riesigen Regenwäldern. **b)** Der afrikanische Gorilla ist der größte Menschenaffe, die Tiere werden bis zu zwei Meter groß. **c)** Die großen Gruppen werden von einem älteren, erfahrenen Männchen angeführt, das wegen seines ergrauten Fells „Silberrücken" genannt wird. **d)** Schimpansen leben auf dem afrikanischen Kontinent. **e)** Gorillas benutzen Steine zum Hämmern und Stöcke zum Graben. **f)** Die Orang-Utans haben rotbraunes Fell, sie leben auf den asiatischen Inseln Sumatra und Borneo. **g)** Die gelenkigen Menschenaffen sind hervorragende Kletterer und leben auf hohen Bäumen. **h)** Orang-Utans ernähren sich von Früchten, Blättern und Rinde, auch Insekten und Vogeleier mögen sie.

27 **a)** Der Kaiser wollte nur die schönsten Kleider besitzen und sich darin seinem Volk zeigen. **b)** Sie versprachen dem Kaiser ganz besondere Kleider. Menschen, die dumm oder nicht gut genug für ihr Amt waren, sollten diese Kleider nicht sehen können. **c)** Der Kaiser glaubte den Betrügern und war begeistert von der Idee. Er gab ihnen viel Geld. **d)** Sie stellten zwei Webstühle auf und taten so, als würde sie arbeiten. In Wahrheit aber taten sie gar nichts. **e)** Der Minister bekam erzählt, wie toll die Kleider schon seien und man erklärte ihm die Muster auf dem Stoff – die er nicht sehen konnte. Das behilt er aber für sich. **f)** Der Kaiser wollte die neuen Kleider bei einem großen Festumzug tragen. **g)** Niemand traute sich zu sagen, dass man die Kleider nicht sehen konnte. Nur ein kleines Kind rief: „Aber er hat ja gar nichts an!" **h)** Der Kaiser hielt den ganzen Festumzug durch, auch ohne seine neuen Kleider.

KOHL VERLAG Wir werden Leseprofi / Klasse 5 – Fit durch Lesetraining! – Bestell-Nr. 16 765

Autorenteam Kohl-Verlag & Jochen Vatter

Stationenlesen ... in 3 Niveaustufen

Mit sinnerfassenden Fragestellungen wird der Kompetenzbereich Lesen erarbeitet und vertieft. Das Material ist in drei Niveaustufen aufbereitet, so führen die Stationen zu einem Erfolgserlebnis und motivieren zum Weitermachen.

Motivierend und nachhaltig!

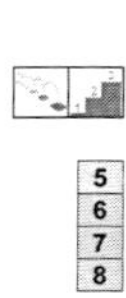

48 Seiten	Klasse 5	12 089	ab 11,99 €
60 Seiten	Klasse 6	12 090	ab 13,49 €
64 Seiten	Klasse 7	12 252	ab 14,49 €
64 Seiten	Klasse 8	12 392	ab 14,49 €

5 6 7 8

Ulrike Stolz & Lynn-Sven Kohl

Lesetraining konkret!

Sinnerfassendes Lesen anhand von Sachtexten

Die Kernaussagen eines Textes müssen beim Lesen erfasst werden. Dieses Lesetraining vermittelt Vorgehensweisen, wie man mit der jeweiligen Textart am besten arbeitet. So gibt es zu jeder Textart ein individuelles Anleitungsblatt, das Methoden bzw. Techniken zur Sinnerfassung erklärt.

Klasse 5/6	11 264	
Klasse 7/8	11 265	je 64 Seiten
Klasse 9/10	11 266	ab 13,49 €

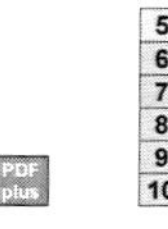

5 6 7 8 9 10

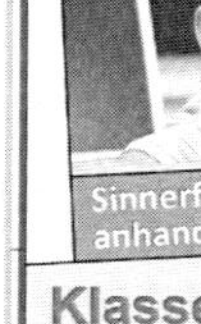

Peter Botschen

Die Fünf-Schritt-Lesemethode

DIE effektivste Methode, nachhaltig Lesen zu lernen

Viele haben Probleme, Texte inhaltlich zu erfassen. Dem wollen wir entgegen wirken mit DER Lesemethode schlechthin: der „5-Schritt-Lese-Methode". Für leistungsschwächere Schüler haben wir diese um die „6-Schritt-Lese-Methode" ergänzt. Dieser Band umfasst Kopiervorlagen zur Anfertigung eines Lesefächers für die Klassen 3/4 in der bekannten Fibelschrift, und für die Klassen 5-7 dementsprechend altersgerecht. Für die Klasse 8-10 ist die Lesemethode in einem Anleitungsblatt verfasst, ebenfalls für die Oberstufe. ***Mit farbigem Poster fürs Klassenzimmer!***

60 Seiten	12 570	ab 19,99 €

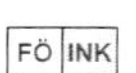

Alle Stufen

Mag. C. Ertl & S. Tschannerl

Lesen lernen mit Ferdinand

Legasthenie wirksam bekämpfen

Der Band ist in mehreren Stufen aufgebaut. Zu Beginn wird die Konzentration geübt, anschließend die optische Wahrnehmung mit Bildern, Buchstaben und schließlich mit Sätzen bzw. Geschichten. Der Schüler findet Fehler, löst Rätsel und beantwortet Fragen. Wichtig ist, dass Lernen Spaß macht und mit positiven Emotionen verbunden werden kann, daher sind manche Texte wirklich „schräg". Wichtig ist, dass Lernen Spaß macht und mit positiven Emotionen verbunden werden kann!

52 Seiten	12 410	ab 14,49 €

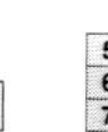

5 6 7

Wolfgang Krüger

120 Lese- & Schreibübungen mit Wortfamilien

Förderung der Rechtschreibung *und* ***Schreibkompetenz*** *in* ***drei Schritten: 1.*** *Wörter vergleichen und den gemeinsamen Stamm markieren,* ***2.*** *Wörter in den Lückentext einsetzen, was sorgfältiges Lesen erfordert.* ***3.*** *Wörter nach Bausteinen gegliedert aufschreiben. Hierbei werden die Kinder mit dem Stammprinzip vertraut, was ihnen hilft, sich vom rein lautbezogenen Schreiben zu lösen. Ausgewählt sind nur Wortfamilien mit Besonderheiten (Doppelkonsonanten, stummes h oder Ableitungen). Die Arbeitsblätter eignen sich hervorragend für die Freiarbeit und Wochenplanarbeit - ideal für die tägliche Leseübung!*

128 Seiten	10 748	ab 21,49 €

5

Nik Dinges-Vonderlehr & Tobias Vonderlehr

26 Lese-Bild-Geschichten

zur Konzentrationssteigerung

Mit diesen Kopiervorlagen können die Schüler die Szenerie der vorgegebenen Geschichten nach Anleitung gestalten. Die Arbeitsaufträge sind in den Geschichten eingefügt, sodass durch konzentriertes und aufmerksames Lesen ein Bild entsteht, das den Text inhaltskonform illustriert. Über das Leseverstehen wird die Konzentration geschult und die visuelle Wahrnehmung gesteigert. Jeder Schüler wird außerdem in seiner künstlerischen Individualität gefördert.

48 Seiten	11 928	ab 13,49 €

5 6 7

Ulrike Stolz & Lynn-Sven Kohl

Leseförderung

Wir werden Leseprofi

Die Lesekompetenz sowie das sinnerfassende Lesen werden trainiert und durch regelmäßigen Einsatz verbessert und gefestigt! Diese funktioniert in drei einzelnen Lernschritten:

- Lernschritt 1: *Ein Lesetext wird möglichst aufmerksam gelesen.*
- Lernschritt 2: *Richtig/Falsch-Aussagen zum Text werden entsprechend markiert, ohne erneut im Text nachzulesen.*
- Lernschritt 3: *Anhand weiterer Impulsfragen zum Lesetext trainieren die Schüler, vollständige Antworten auf konkrete Fragestellungen zu formulieren. Das erhöht zusätzlich die Fähigkeit, sich inhaltlich mit einem Text auseinanderzusetzen.*

5 6 7 8 9 10

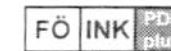

Hauptband

Die Leseprofis dienen dem sinnerfassenden Lesen:

Lesetext ⇨ Richtig-Falsch-Aussage ⇨ Sinnerfassende Fragen schriftlich beantworten

Klasse 5	16 765	
Klasse 6	16 766	
Klasse 7	16 767	
Klasse 8	16 768	je 64 Seiten
Klasse 9/10	16 769	ab 15,99 €

Arbeitshefte

Die Arbeitshefte decken weitere wichtige Bereiche des Lesens ab:

⇨ Silbenübungen; ⇨ Wortbedeutungen und -erfassung; ⇨ Schreibübungen; ⇨ optische Erfassung ...

Klasse 5	16 775	
Klasse 6	16 776	
Klasse 7	16 777	
Klasse 8	16 778	je 64 Seiten
Klasse 9/10	16 779	ab 15,99 €

Sabrina Hinrichs & Autorenteam Kohl-Verlag

Lesetexte Jahreszeiten

Texte in drei Niveaustufen

Motivierende und jahreszeitbezogene Texte, Geschichten fördern die Lesekompetenz. Die inhaltlich gleichen Vorlagen sind in **drei Niveaustufen** *(grundlegendes Niveau, mittleres Niveau, erweitertes Niveau) verfasst und ermöglichen allen Lernenden das ihrem Leistungsvermögen entsprechende Textverstehen. Übungsaufgaben und Lernzielkontrollen schließen sich an die jeweiligen Lesetexte in verschiedenen Niveaustufen an.*

5 6

56 S.	Frühlingszeit	11 736	ab 13,49 €
64 S.	Sommerzeit	11 737	ab 14,49 €
64 S.	Herbstzeit	11 733	ab 13,49 €
48 S.	Winterzeit	11 734	ab 13,49 €
64 S.	Weihnachten	11 823	ab 14,49 €
64 S.	Ostern	12 809	ab 14,99 €

Horst Hartmann, Jürgen Tille-Koch & Autorenteam Kohl-Verlag

LESETRAINING

in drei Niveaustufen

Sinnerfassendes Lesen ist ***DIE*** *Grundkompetenz für erfolgreiches Lernen! Hier sind differenzierende Lesetexte und Aufgaben in* ***drei Niveaustufen*** *– jede Geschichte gibt es also in drei verschiedenen Schwierigkeitsvarianten (kürzere oder längere Sätze, geänderte Wortwahl, angepasster Schwierigkeitsgrad bei den gestellten Aufgaben) – je nach dem vorhandenen Leistungsvermögen der Schüler*innen innerhalb einer Klasse/Gruppe. Dabei bleibt die Geschichte inhaltlich stets gleich, sodass in der Klasse differenziert gearbeitet werden kann und trotzdem alle dasselbe Thema besprechen können. Im Anschluss an jeden Text finden sich abwechslungsreiche, alle den Bereich „Lesen" unterstützende, niveaugerechte Aufgaben (auch zu den Sekundärkompetenzen im Deutschunterricht). Dies garantiert optimale Differenzierung und Individualisierung.*

Klasse 5	16 705	
Klasse 6	16 706	
Klasse 7	16 707	
Klasse 8	16 708	
Klasse 9	16 709	je 80 Seiten
Klasse 10	16 710	ab 17,49 €

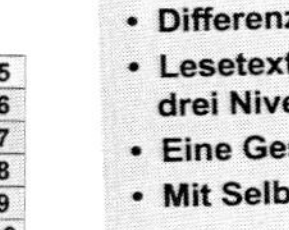

5 6 7 8 9 10

- Differenzierende Ausgaben
- Lesetexte und Aufgaben in drei Niveaustufen
- Eine Geschichte in 3 Varianten
- Mit Selbstkontrollmöglichkeit

 Förderbedarf  Inklusion  BF Begabtenförderung  Lernen an Stationen  Arbeitsmaterial zur Differenzierung  Zusatzmaterial  Fächerübergreifend PDFplus